Martin Schmidthausen

Arbeitsheft
Betriebswirtschaft + StuK

für das kaufmännische Berufskolleg II

BK II

Merkur
Verlag Rinteln

Wirtschaftswissenschaftliche Bücherei für Schule und Praxis
Begründet von Handelsschul-Direktor Dipl.-Hdl. Friedrich Hutkap †

Verfasser:

Michael Martin
Michael Schmidthausen

Das Werk und seine Teile sind urheberrechtlich geschützt. Jede Nutzung in anderen als den gesetzlich zugelassenen Fällen bedarf der vorherigen schriftlichen Einwilligung des Verlages. Hinweis zu § 60a UrhG: Weder das Werk noch seine Teile dürfen ohne eine solche Einwilligung eingescannt und in ein Netzwerk eingestellt werden. Dies gilt auch für Intranets von Schulen und sonstigen Bildungseinrichtungen.

Die Merkur Verlag Rinteln Hutkap GmbH & Co. KG behält sich eine Nutzung ihrer Inhalte für kommerzielles Text- und Data Mining (TDM) im Sinne von § 44b UrhG ausdrücklich vor. Für den Erwerb einer entsprechenden Nutzungserlaubnis wenden Sie sich bitte an copyright@merkur-verlag.de.

* * * * *

2. Auflage 2024
© 2019 by Merkur Verlag Rinteln

Gesamtherstellung:
Merkur Verlag Rinteln Hutkap GmbH & Co. KG, 31735 Rinteln

E-Mail: info@merkur-verlag.de
lehrer-service@merkur-verlag.de
Internet: www.merkur-verlag.de

Merkur-Nr. 1582-02
ISBN 978-3-8120-1120-4

Vorwort

Das Arbeitsheft richtet sich exakt nach den **aktuellen Bildungsplänen** für die Fächer „Betriebswirtschaft" und „Steuerung und Kontrolle" am kaufmännischen Berufskolleg II in Baden-Württemberg aus. Alle Kompetenzbereiche der beiden Fächer werden abgedeckt:

A. Betriebswirtschaft

Kompetenzbereich 1: Leistungserstellung
Kompetenzbereich 2: Personalwirtschaft
Kompetenzbereich 3: Investition und Finanzierung

B. Steuerung und Kontrolle

Kompetenzbereich 1: Dokumentation der Wertschöpfungsprozesse
Kompetenzbereich 2: Besondere Geschäftsvorgänge und Jahresabschluss

Die Kompetenzbereiche werden in Form von **Lernsituationen** konkretisiert. Das Heft vertieft auf diese Weise den Gedanken der Kompetenzorientierung (situationsbezogen – problemorientiert – kompetenzfördernd), dokumentiert aufgrund seines Workbook-Charakters den Kompetenzerwerb und entlastet die Lehrkraft hinsichtlich Unterrichtsvorbereitung und Kopieraufwand.

Mit dem nebenstehenden Symbol werden Themenbereiche gekennzeichnet, die im Bildungsplan als **fakultativer Inhalt** angeführt werden. Die Situationsaufgaben eignen sich insbesondere, um sachlogische Bezüge zu den obligatorischen Inhalten herzustellen, Themen zu vertiefen sowie um Schülerinnen und Schüler individuell zu fördern und im Unterricht zu differenzieren.

Die einzelnen Abschnitte des Arbeitsheftes sind passgenau mit den **Merkurbüchern 0582** („Betriebswirtschaft für das kfm. BK II") und **0583** („Kfm. Steuerung und Kontrolle für das kfm. BK II") abgestimmt. Die **Kapitelverweise** am Rande der Einstiegssituationen erleichtern die eventuell notwendige Informationsbeschaffung. Daher wäre ein **paralleler Einsatz ideal**. Die Buchungen erfolgen auf Basis des **Schulkontenrahmens Industrie für Baden-Württemberg**.

Jeder Abschnitt beginnt mit einem **situationsbezogenen** und in der Regel problemorientierten Einstieg. Ausgangspunkt hierfür ist die fiktive **Ulmer Büromöbel AG,** ein Industriebetrieb, der moderne Büromöbel herstellt. Angeleitet durch die darauf folgenden Arbeitsaufträge sollen die Schülerinnen und Schüler zunächst das vorgegebene **Problem selbstständig lösen** und schließlich zu einer vertiefenden Auseinandersetzung mit dem jeweiligen (Teil-)Geschäftsprozess gelangen.

Um dem Gedanken der Prozessorientierung gerecht zu werden, sollten die einzelnen Abschnitte **im Idealfall Stück für Stück** in der vorgegebenen Reihenfolge durchgearbeitet werden. Jede Situation „funktioniert" jedoch in der Regel auch für sich genommen, sodass die Situationen **bei Bedarf auch punktuell** eingesetzt werden können.

Die Entscheidung, ob die Lernsituationen in **Einzel-, Partner- oder Gruppenarbeit** bearbeitet werden, wollen wir jeder Lehrkraft gerne selbst überlassen.

An einigen Stellen fordert das Autorenteam mit seinen Arbeitsaufträgen bewusst dazu auf, „über den Tellerrand zu schauen". Im Einklang mit den Ansprüchen an einen differenzierten Unterricht sind an diesen Stellen **anspruchsvolle Transferleistungen** gefragt. Diese Arbeitsaufträge werden mit dem nebenstehenden Symbol gekennzeichnet.

Kißlegg und Duisburg, im Sommer 2024

Die Verfasser

Inhaltsverzeichnis

Die Ulmer Büromöbel AG kennenlernen

A. Betriebswirtschaft

Kompetenzbereich 1: Leistungserstellung

1. Neue Produkte entwickeln 10
2. Fertigungsunterlagen erstellen 14
3. Fertigungstechnische Rahmenbedingungen beschreiben und bewerten 21
4. Die optimale Losgröße ermitteln 28
5. Material für die Fertigung bereitstellen 30
6. Netzpläne erstellen und auswerten 33
7. Einen Maschinenbelegungsplan erstellen und interpretieren 38
8. Betriebliche Kennzahlen mithilfe des Produktionscontrollings berechnen und interpretieren . 41
9. Die Qualität sicherstellen 44

Kompetenzbereich 2: Personalwirtschaft

1. Personalbedarf berechnen 50
2. Personal beschaffen 53
3. Personal auswählen I (Bewerbungsunterlagen sichten) 57
4. Personal auswählen II (Vorstellungsgespräche durchführen) 69
5. Einen Arbeitsvertrag abschließen 76
6. Gesetzliche Bestimmungen im Rahmen von Kündigungen anwenden 79
7. Löhne mithilfe unterschiedlicher Lohnformen berechnen 81

Kompetenzbereich 3: Investition und Finanzierung

1. Investitionsanlässe unterscheiden 86
2. Statische Investitionsrechnungen durchführen – Teil 1 88
3. Statische Investitionsrechnungen durchführen – Teil 2 91
4. Im Rahmen der dynamischen Investitionsrechnung den Kapitalwert berechnen .. 100
5. Finanzierung aus Abschreibung und Vermögensumschichtung 103
6. Einen Lieferantenkredit zur kurzfristigen Fremdfinanzierung nutzen 106
7. Arten der Kreditfinanzierung vergleichen 108
8. Darlehensfinanzierung mit Leasingfinanzierung vergleichen 114
9. Kreditsicherheiten I – Bürgschaft und Sicherungsübereignung 117
10. Kreditsicherheiten II – Grundschuld 123

B. Steuerung und Kontrolle

Kompetenzbereich 1: Dokumentation der Wertschöpfungsprozesse

1 Vollkostenrechnung und Teilkostenrechnung vergleichen 126
2 Deckungsbeitrag berechnen – Teil 1 128
3 Deckungsbeitrag berechnen – Teil 2 130
4 Break-even-Point rechnerisch und grafisch ermitteln 131
5 Preisuntergrenze bestimmen 133
6 Über die Annahme eines Zusatzauftrages entscheiden 135
7 Produktionsprogramm optimieren 137
8 Über Eigenfertigung und Fremdbezug entscheiden 140
9 Zusammenfassende Übungsaufgaben 143

Kompetenzbereich 2: Besondere Geschäftsvorgänge und Jahresabschluss

1 Bilanz sowie Gewinn- und Verlustrechnung einer Kapitalgesellschaft erstellen 149
2 Die zeitliche Abgrenzung durchführen und buchen 151
3 Anschaffungskosten ermitteln und Abschreibung durchführen 156
4 Abnutzbares Anlagevermögen bewerten 160
5 Nicht abnutzbares Anlagevermögen bewerten 161
6 Forderungen bewerten 163
7 Rückstellungen bewerten (Pensionsrückstellungen) 165
8 Unternehmens- und Umweltkennzahlen ermitteln und analysieren 167
9 Zusammenfassende Übungsaufgaben I 173
10 Zusammenfassende Übungsaufgaben II 175
11 Zusammenfassende Übungsaufgaben III 179

DIE ULMER BÜROMÖBEL AG KENNENLERNEN

Situation:

Die Ulmer Büromöbel AG, ein Industrieunternehmen in Baden-Württemberg, produziert moderne Büromöbel. Das Unternehmen befindet sich im Ulmer Gewerbepark. Die Ulmer Büromöbel AG wendet sich mit ihren Produkten an Unternehmen sämtlicher Branchen. Privatpersonen zählen bislang kaum zu der anvisierten Zielgruppe, wenngleich mittlerweile ein Online-Shop existiert. Der Vertrieb der Büromöbel erfolgt überwiegend auf direktem Absatzweg an Kunden in ganz Deutschland. Vereinzelt werden auch exklusive Büroeinrichtungshäuser beliefert.

Die Ulmer Büromöbel AG ist seit mehreren Jahren auf dem Markt für Büromöbel eingeführt und behauptet sich dort erfolgreich gegen ihre Wettbewerber. Hervorgegangen ist die Ulmer Büromöbel AG aus der von Daniel Stein, Karin Brand und Klaus Meier gegründeten SBM Büromöbel OHG, die später unter neuem Namen in eine Aktiengesellschaft umgewandelt wurde.

Anschrift:
Ulmer Büromöbel AG
Industriepark 5
89073 Ulm

Telefon, Telefax und E-Mail:
Telefon: 0731 3879-0
Telefax: 0731 3879-1
E-Mail: info@ubmag.de

Bankverbindung:
Commerzbank Ulm
IBAN: DE85 6304 0053 0041 4400 18
BIC: COBADEFFXXX

Sparkasse Ulm
IBAN: DE61 6305 0000 0041 4500 75
BIC: SOLADES1ULM

Die Produkte werden nach Kundenauftrag gefertigt. Das derzeitige Produktionsprogramm umfasst insbesondere folgende Produktgruppen:

Produktgruppe I:	Schreibtische
Produktgruppe II:	Bürostühle
Produktgruppe III:	Büroschränke

Innerhalb einer Produktgruppe sind verschiedene Modelle erhältlich.

Die Produkte werden überwiegend in Serie gefertigt. Wenn vom Kunden gewünscht, werden jedoch auch Spezialanfertigungen hergestellt.

Die Zahl der Mitarbeiter hat in den vergangenen Jahren aufgrund der positiven Geschäftsentwicklung stetig zugenommen.

Zurzeit sind ca. 420 Mitarbeiter bei der Ulmer Büromöbel AG beschäftigt.

Die Ulmer Büromöbel AG ist gemäß dem Stabliniensystem aufgebaut. Der Vorstand besteht aus drei Mitgliedern.

Dem Vorstand unterstehen die vier Bereichsleiter. Diese sind den Abteilungsleitern ihrer Bereiche gegenüber weisungsbefugt, die wiederum nur ihren Mitarbeitern Weisungen erteilen dürfen. Darüber hinaus gibt es zwei Stabsabteilungen, die den Vorstand beraten. Deren Leiter sind den Bereichsleitern nicht weisungsbefugt.

Das nachfolgende Organigramm verdeutlicht die Aufbauorganisation der Ulmer Büromöbel AG.

Organigramm der Ulmer Büromöbel AG

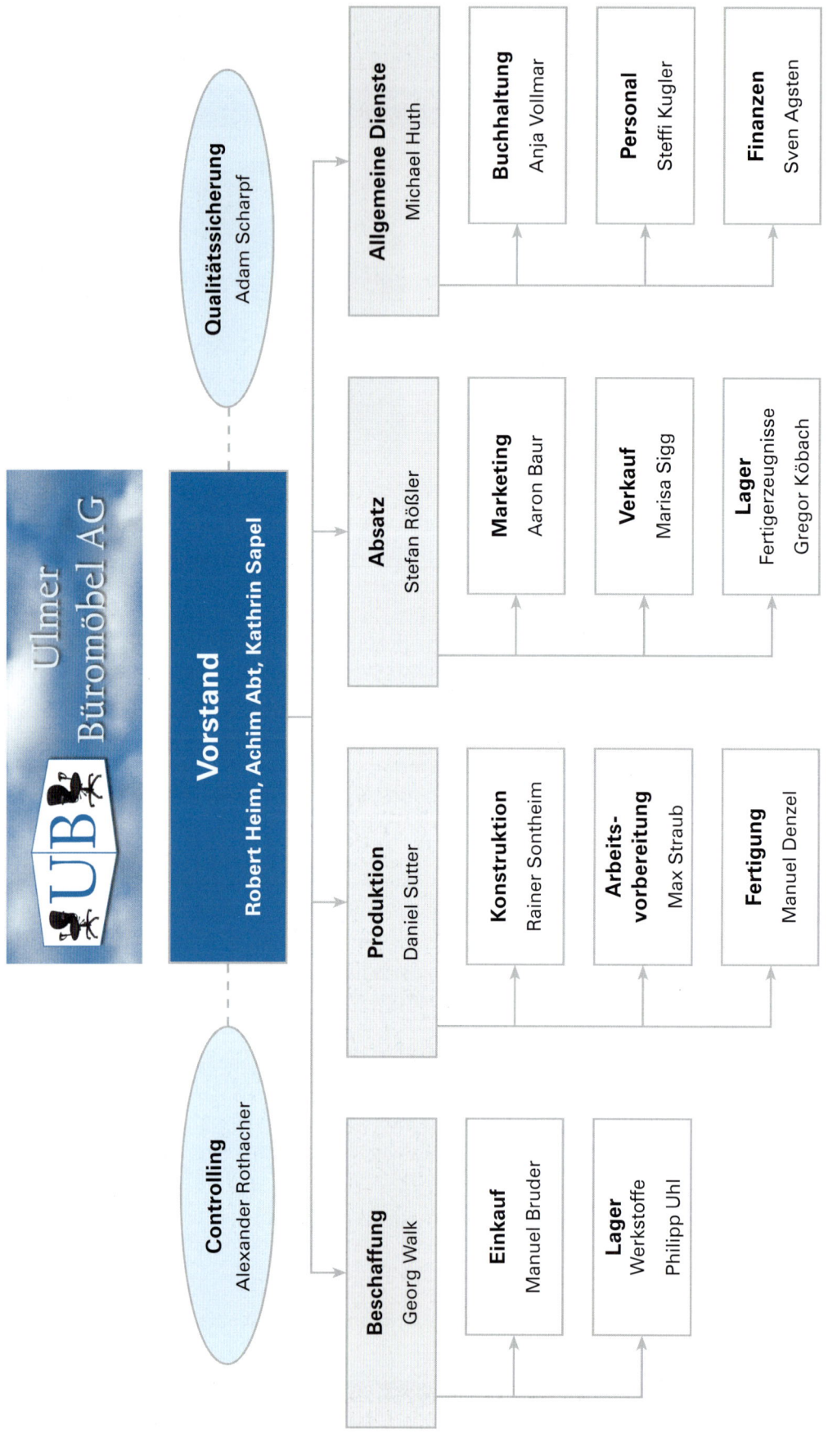

Die Ulmer Büromöbel AG kennenlernen

 **Arbeitsauftrag:**

Verschaffen Sie sich einen Überblick über die Ulmer Büromöbel AG. Nutzen Sie hierzu das folgende Auswertungsformular.

Auswertungsformular

Auswertung

1. Unternehmensart: ▶ _____

2. Branche: ▶ _____

3. Produktgruppen: ▶ _____
   ▶ _____
   ▶ _____

4. Gesellschaftsform (Rechtsform): ▶ _____

5. Hervorgegangen aus: ▶ _____

6. Standort: ▶ _____

7. Verkaufsgebiet: ▶ _____

8. Vertriebsweg: ▶ _____

9. Kundenzielgruppe: ▶ _____

10. Fertigung: ▶ _____
    _____

11. Zahl der Mitarbeiter: ▶ _____

12. Aufbauorganisation: ▶ _____
    - _____ Vorstand
    - _____ Bereiche
    - _____ Abteilungen
    - _____ Stabsabteilungen mit _____ Funktion

A. BETRIEBSWIRTSCHAFT

KOMPETENZBEREICH 1: LEISTUNGSERSTELLUNG

BWL-Buch Kap. 2.1–2.3

1 Neue Produkte entwickeln

Situation:

Neu auf der Orgatec:

Sitzkultur auf höchstem Niveau – der Bürodrehstuhl Tergo

Köln – Ulmer Büromöbel AG, Experte für Bürowelten, antwortet mit einem innovativen Sitzmöbel auf die Trends im Büro. Auf der Orgatec, der internationalen Fachmesse für Planung, Einrichtung und Management von Businesswelten in Köln, präsentierte die Ulmer Büromöbel AG erstmals den neuen Bürodrehstuhl Tergo. Die hochwertige Material- und Fertigungsqualität sowie der herausragende Sitzkomfort verbunden mit einem eleganten Design machen den Tergo zur ersten Wahl im Bereich der Bürositzmöbel. Mehr als 50 Jahre Garantie, verteilt auf die einzelnen Komponenten, können sich in Verbindung mit einem interessanten Preis-Leistungs-Verhältnis sehen lassen. Der Tergo ist ab März lieferbar. Produktion und Zentrale des 1990 gegründeten Unternehmens befinden sich in Ulm am südöstlichen Rand der Schwäbischen Alb. Das Unternehmen erwirtschaftete im aktuellen Geschäftsjahr mit rund 400 Mitarbeitern einen Umsatz von 25 Mio. EUR.

Arbeitsaufträge:

1. Verschaffen Sie sich mithilfe von Material 1 einen Überblick über die Planungs- und Entwicklungsschritte, die der neue Bürodrehstuhl Tergo im Rahmen des Innovationsprozesses durchlaufen musste, bevor er zur Marktreife gelangen konnte. Nutzen Sie hierzu die vorgegebene Struktur (Material 2).

2. Das Produktionsprogramm der Ulmer Büromöbel AG ist mit den drei Produktfeldern Schreibtische, Büroschränke und Bürostühle im Vergleich mit den Wettbewerbern sehr beschränkt. Der Vorstand will nun entschieden gegensteuern. Neue Produkte sollen die Ulmer Büromöbel AG noch erfolgreicher machen. Aus diesem Grund begibt man sich aktiv auf die Suche nach neuen Produktideen.

    2.1 Sammeln Sie mithilfe der Methode 6-3-5 Ideen für neue Produkte, die die Ulmer Büromöbel AG in ihr Produktionsprogramm aufnehmen könnte. Lassen Sie hierbei Ihrer Phantasie freien Lauf und denken Sie **auch** an Produkte, die über Büromöbel hinausgehen, aber zu ihnen passen könnten.

    2.2 Treffen Sie im Plenum per Abstimmung eine Entscheidung darüber, welche drei Ideen weiterverfolgt werden sollten.

Ablauf der Methode 6-3-5 (Brainwriting)

- Bilden Sie ein Team aus 6 Personen.
- Jedes Teammitglied erhält das vorstrukturierte Formular.
- Tragen Sie in die erste Zeile 3 Ideen ein. Hierzu haben Sie 5 Minuten Zeit.
- Nun wird das Formular an das nächste Mitglied weitergereicht, das wiederum 5 Minuten Zeit hat, weitere drei Lösungsvorschläge zu notieren.
- Beachten Sie: Man kann sich ausdrücklich von den Ideen seines Vorgängers inspirieren lassen und diese weiterentwickeln oder aber eigene ganz andere Ideen notieren.
- Wiederholen Sie diesen Schritt 5-mal.
- Jetzt liegen im optimalen Fall 6 Formulare mit jeweils 18 Lösungsvorschlägen vor.

1 Neue Produkte entwickeln

Methode 6-3-5 (Brainwriting)					
Ideensammlung: Neue Produkte für das Absatzprogramm der Ulmer Büromöbel AG					
1		2		3	
4		5		6	
7		8		9	
10		11		12	
13		14		15	
16		17		18	

3. Neben der aktiven Ideensuche mithilfe verschiedener Kreativitätstechniken besteht die Möglichkeit der passiven Ideenfindung. Hierbei können die Ideen aus dem eigenen Unternehmen oder aus externen Quellen stammen. Nennen Sie jeweils drei Beispiele.

Ideen aus dem eigenen Unternehmen durch ...	Ideen aus externen Quellen durch ...

4. Bei der Produktgestaltung sind viele Aspekte zu berücksichtigen. Nennen Sie je zwei Eigenschaften, die der neue Bürodrehstuhl Tergo aus Ihrer Sicht in wirtschaftlicher, technischer und ökologischer Hinsicht aufweisen sollte.

Produkteigenschaften aus		
wirtschaftlicher Sicht	technischer Sicht	ökologischer Sicht

Material 1: Auszug aus dem Lexikon der Wirtschaft

Lexikon der Wirtschaft

Innovationsprozess

Die Unternehmensführung legt im Rahmen der langfristigen Produktionsprogrammplanung fest, welche Produkte grundsätzlich hergestellt werden sollen, z. B. Schreibtische, Büroschränke und Bürostühle. Man spricht in diesem Zusammenhang auch von Produktfeldern. Im Anschluss daran müssen die verschiedenen Modelle der einzelnen Produktfelder entwickelt werden, z. B. die verschiedenen Schreibtischmodelle für das entsprechende Produktfeld. Dies ist Aufgabe der mittelfristigen Produktionsprogrammplanung. Da Produkte mit der Zeit aus der Mode kommen, sind die Unternehmen gezwungen, immer wieder neue Produkte auf den Markt zu bringen. Man spricht von sogenannten Produktinnovationen. Innovationsprozesse sind entweder auf interne (Technology Push) oder auf vom Markt angeregte Auslöser (Market Pull) zurückzuführen.

Der erste Schritt im Innovationsprozess ist die Bestimmung des Zielmarktes, d. h., man muss überlegen, für welche Zielgruppe die neuen Produkte entwickelt werden sollen.

Der zweite Schritt ist die Suche nach neuen Produktideen. Neue Produktideen können durch passive Ideenfindung und/oder durch aktive Ideensuche unter Anwendung bestimmter Kreativitätstechniken gefunden werden. Bei der passiven Ideenfindung kommen die Ideen z. B. von eigenen Mitarbeitern, oder aber man lässt sich von Konkurrenzprodukten inspirieren. Bei der aktiven Ideensuche werden spezielle Kreativitätstechniken, wie z. B. das Brainstorming oder das Brainwriting eingesetzt.

Im Anschluss daran müssen die Produktideen bewertet werden. Hierzu werden häufig sogenannte Produktbewertungsprofile erstellt, anhand derer diejenigen Produktideen ausgewählt werden, die weiterverfolgt werden sollen.

Hat man sich dazu entschieden, einen oder mehrere Produktvorschläge zu realisieren, erhält die Konstruktionsabteilung, meist in enger Zusammenarbeit mit dem Marketing, die Aufgabe, ein fertigungs- und funktionsgerechtes Produkt zu gestalten. So wird zunächst festgelegt, welche wirtschaftlichen, technischen und ökologischen Eigenschaften das Produkt aufweisen sollte, um auf dem Markt erfolgreich zu sein. Nun werden das endgültige Produktdesign (Form, Farbe, Qualität, Verpackung) festgelegt, Baugruppen und Einzelteile ausgearbeitet, Maße festgelegt, das zu verwendende Material ausgewählt sowie Fertigungsunterlagen, wie z. B. Konstruktionszeichnungen und Stücklisten, erstellt.

Ist die Produktgestaltungsphase abgeschlossen, wird häufig ein Prototyp gefertigt und einer intensiven Qualitätskontrolle unterzogen.

Ist das Ergebnis zufriedenstellend, wird das Produkt in der Realität erprobt, d. h., das Produkt wird auf einem möglichst repräsentativen Testmarkt eingeführt, um zu überprüfen, wie es bei den Kunden ankommt.

Hat das Produkt auf dem Testmarkt die Erwartungen erfüllt, kann das Produkt als marktreif angesehen werden. Der Innovationsprozess ist abgeschlossen. Die Produktion kann beginnen.

1 Neue Produkte entwickeln

 **Material 2: Innovationsprozess**

PRODUKTION

Der Innovationsprozess

Erläuterungen

Phasen

| 1 | 2 | 3 | 4 | 5 | 6 |

INNOVATIONSANLÄSSE

BWL-Buch
Kap. 2.4

2 Fertigungsunterlagen erstellen

Situation:

Die Ulmer Büromöbel AG erhält von der Pro Secura AG, einer großen Versicherungsgesellschaft, eine Anfrage über die Lieferung von zehn Schreibtischen. Hierbei handelt es sich um Schreibtische, die nach speziellen Wünschen der Pro Secura AG gefertigt werden sollen:

Anfrage

Sehr geehrte Damen und Herren,

durch die Empfehlung eines unserer Stammkunden sind wir auf Ihr Unternehmen aufmerksam geworden.

Wir sind eine erfolgreiche expandierende Versicherungsgesellschaft mit Stammsitz in Stuttgart.

Unsere neue Zweigstelle in Karlsruhe, die am 01.05.20.. eröffnet wird, möchten wir mit zehn zeitlos eleganten Sachbearbeitungsplätzen ausstatten, die hohen gestalterischen Ansprüchen genügen sollen.

Wir erwarten:
– eine hohe Verarbeitungsqualität
– Arbeitsplatte aus Massivholz in den Maßen 190 x 90, 3,5
– Gestell aus gebürstetem Edelstahl
– Frontblende als Sichtschutz
– Verzicht auf Kunststoffteile
– leichte Demontage

Wir beabsichtigen, in nächster Zeit alle unsere 500 Zweigstellen einheitlich auszustatten, und können Ihnen daher weitere Aufträge in Aussicht stellen, wenn Ihr Produkt unseren Vorstellungen entsprechen sollte.

Bitte unterbreiten Sie uns ein ausführliches Angebot unter Angabe Ihrer Lieferungs- und Zahlungsbedingungen. Die Lieferung sollte so früh wie möglich, spätestens aber am 26.04.20.. erfolgen.

Mit freundlichen Grüßen

Pro Secura AG

i. A. *Werner Wolf*

Werner Wolf

Rainer Sontheim, Leiter der Abteilung Konstruktion, begibt sich mit seinen Mitarbeitern sofort an die Arbeit und beginnt mit der Umsetzung der Kundenwünsche in eine technische Lösung. Das Projekt „Pro Secura" erhält die Projektnummer P-23486.

Arbeitsaufträge:

1. Geben Sie an, welche Produktdokumente im Rahmen des Konstruktionsprozesses erstellt werden müssen.

Produktdokumente			
1		3	
2		4	

2 Fertigungsunterlagen erstellen

2. Wählen Sie aus den folgenden Arten aus, welche Konstruktionszeichnungen (siehe Zeichnung 1–5) dargestellt werden.

Einzelteilzeichnung (zweidimensional) – Gesamtzeichnung (dreidimensional, explosiv) – Baugruppenzeichnung[1] (zweidimensional) – Gesamtzeichnung (dreidimensional).

Hinweis: Berücksichtigen Sie, dass ein Begriff auch doppelt vorkommen kann!

Zeichnung 1:

_____

_____

Zeichnung 2:

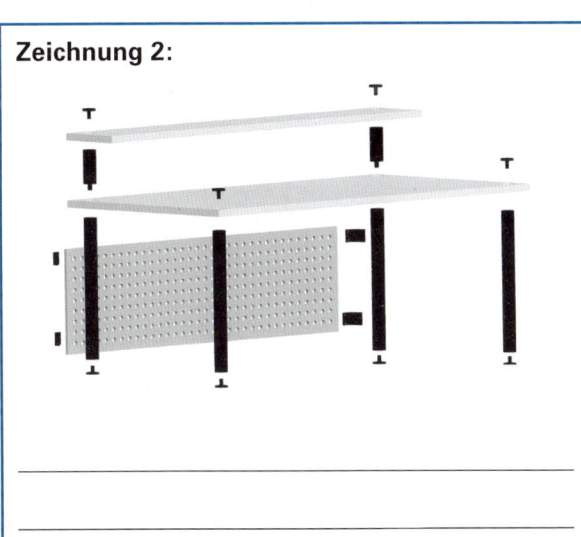

_____

_____

Zeichnung 3:

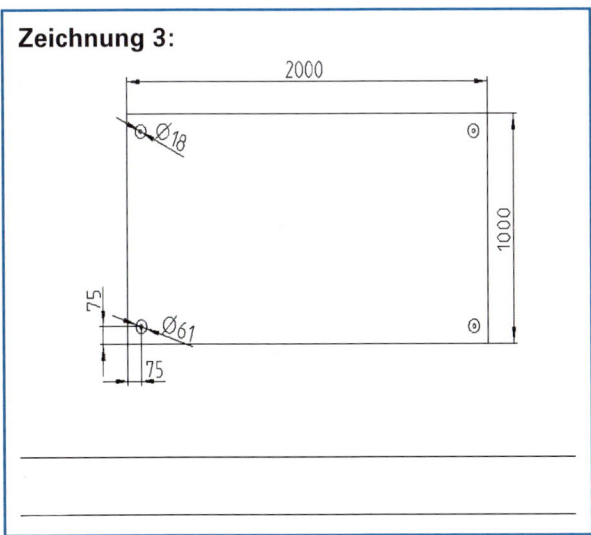

_____

_____

Zeichnung 4:

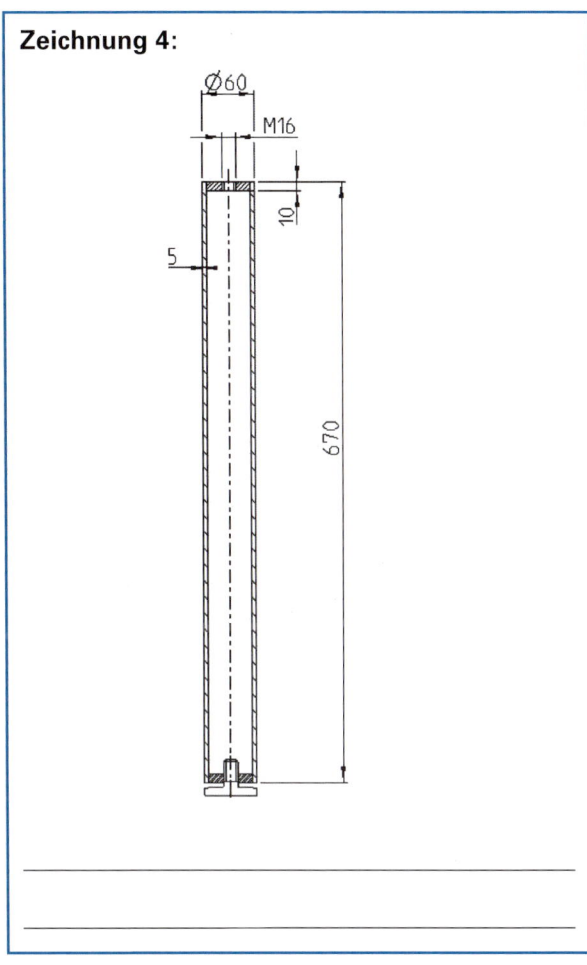

_____

_____

Zeichnung 5:

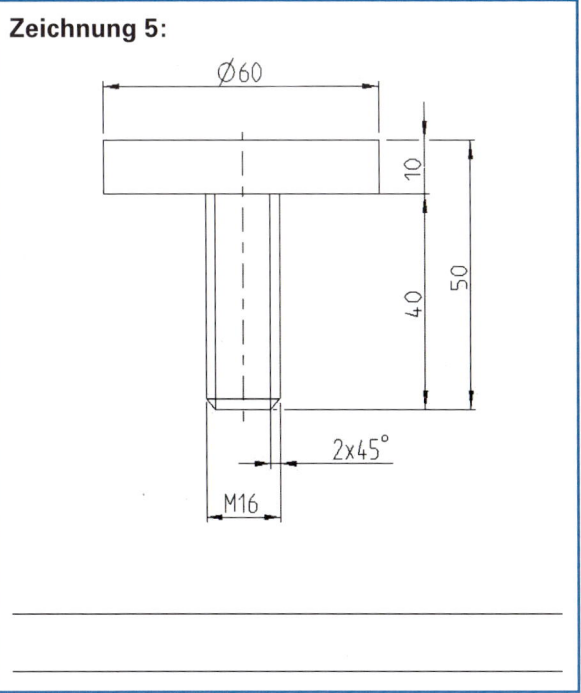

_____

_____

---
[1] Eine Baugruppe besteht aus mindestens zwei Einzelteilen oder weiteren Baugruppen.

3. Erstellen Sie mithilfe des Strukturbaums (Material 1) die Struktur- und Mengenübersichtsstückliste (Material 2) für den Schreibtisch „Pro Secura".

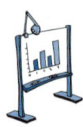

Material 1: Strukturbaum (Erzeugnisstruktur)

Erzeugnisstruktur: Schreibtisch „Pro Secura", Projekt-Nr. P-23486

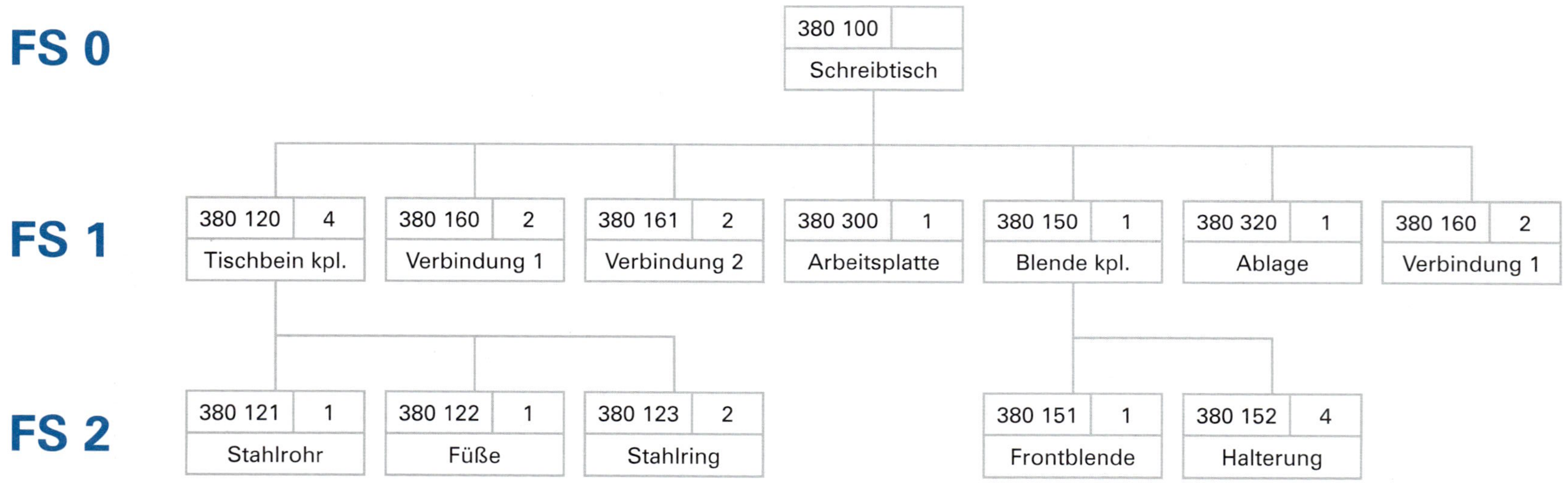

FS 0
- 380 100 Schreibtisch

FS 1
- 380 120 / 4 — Tischbein kpl.
- 380 160 / 2 — Verbindung 1
- 380 161 / 2 — Verbindung 2
- 380 300 / 1 — Arbeitsplatte
- 380 150 / 1 — Blende kpl.
- 380 320 / 1 — Ablage
- 380 160 / 2 — Verbindung 1

FS 2
- 380 121 / 1 — Stahlrohr
- 380 122 / 1 — Füße
- 380 123 / 2 — Stahlring
- 380 151 / 1 — Frontblende
- 380 152 / 4 — Halterung

Hinweise:
1. FS = Fertigungsstufe
2. Die Mengenangaben beziehen sich immer auf eine Einheit der übergeordneten Baugruppe (z. B. Tischbein komplett).
3. Die Arbeitsplatte bzw. Ablage wird mithilfe der (Schraub-)Verbindungen mit den Tischbeinen verbunden.

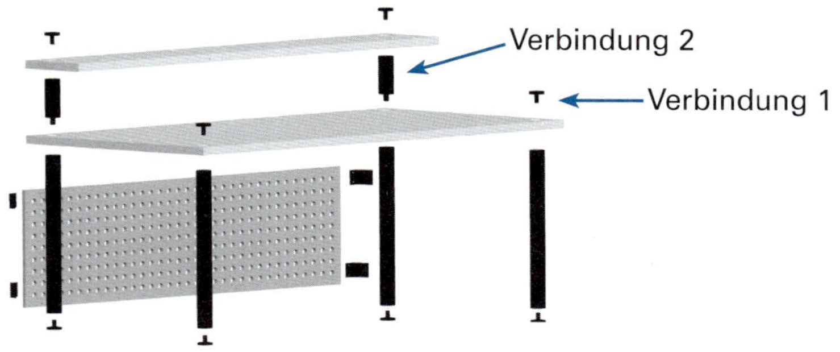

2 Fertigungsunterlagen erstellen

 **Material 2: Stücklisten**

Strukturstückliste					
Teilenummer:						
Gegenstand:						
F-Stufe					Teile-Nr.	Bezeichnung	Menge*
1	2	3	4	5			

Mengenübersichtsstückliste		
Teilenummer:			
Gegenstand:			
Teile-Nr.	Bezeichnung	Menge

* **Hinweis**: Bei der Erzeugnisstruktur beziehen sich die Mengenangaben immer auf eine Einheit der übergeordneten Baugruppe. Demzufolge benötigt man zur Fertigung von einem Tischbein 2 Stahlringe. Dies ist bei der Strukturstückliste **nicht** so. Hier beziehen sich die Angaben auf die insgesamt benötigte Menge. Demzufolge benötigt man zur Fertigung von 4 Tischbeinen 8 Stahlringe.

4. Ermitteln Sie, wie viel Mengeneinheiten der beispielhaft aufgeführten Materialien für den Auftrag benötigt werden. Nennen Sie die Stückliste, aus der sich diese Information entnehmen lässt.

Material	Menge
Verbindung 1	
Stahlringe	
Halterungen	

Stückliste

5. Nennen Sie die Einzelteile, die auf der Fertigungsstufe 2 gefertigt werden. Geben Sie an, aus welcher Stückliste sich dies ablesen lässt.

Einzelteile

Stückliste

6. In der heutigen Zeit werden im Rahmen der Konstruktion vorwiegend CAD-Systeme eingesetzt. Erläutern Sie, welche Vorteile mit dem Einsatz eines solchen Systems verbunden sind.

7. Der Büroschrank „Standard", ein Serienerzeugnis der Ulmer Büromöbel AG, weist die untenstehende Erzeugnisstruktur auf. Erstellen Sie die dazugehörige Struktur- und Mengenübersichtsstückliste.

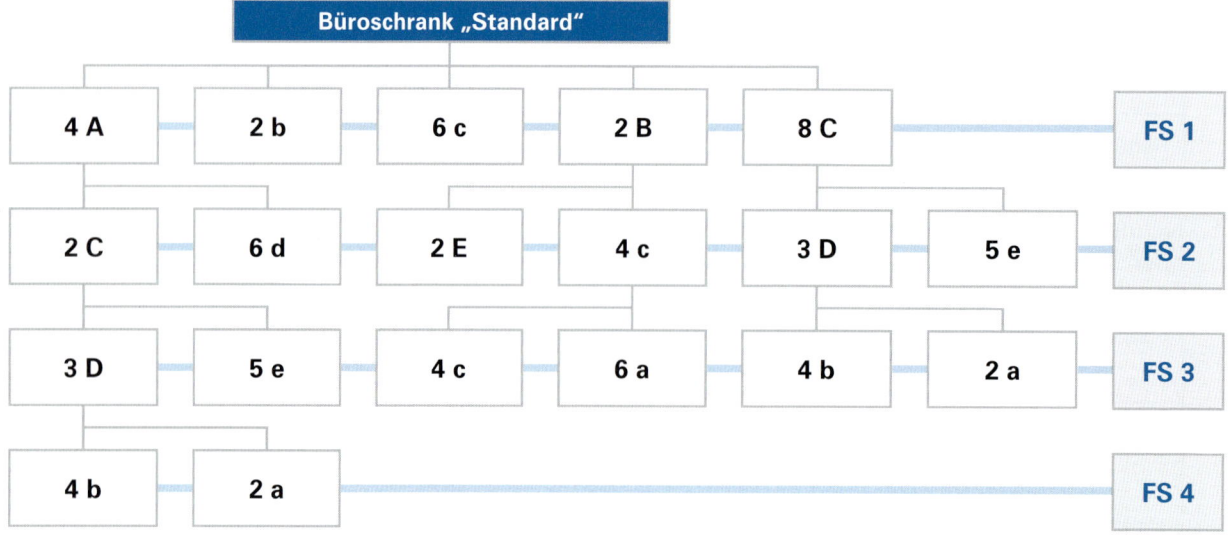

Legende:
- Großbuchstaben = Baugruppe – Kleinbuchstaben = Einzelteil.
- 4 A = es wird 4-mal die Baugruppe A benötigt.
- Die Mengenangaben beziehen sich immer auf eine Einheit der übergeordneten Baugruppe.

2 Fertigungsunterlagen erstellen

Vorlagen: Strukturstückliste und Mengenübersichtsstückliste

Strukturstückliste					
Gegenstand: Büroschrank „Standard"					
F-Stufe					Bezeichnung	Menge
1	2	3	4	5		

Mengenübersichtsstückliste	
Gegenstand: Büroschrank „Standard"	
Bezeichnung	Menge

8. Nachdem die Konstruktionsabteilung Zeichnungen und Stücklisten erstellt hat, muss ein Arbeitsplan erstellt werden. Der Arbeitsplan sagt den Mitarbeitern in der Fertigung, wie der Schreibtisch zusammengebaut werden muss. Vervollständigen Sie den Arbeitsplan (siehe Folgeseite), indem Sie die folgenden Arbeitsgänge an der entsprechenden Stelle eintragen:

   ➤ *Frontblende bohren*
   ➤ *Arbeitsplatte und Frontblende mit Tischbeinen verbinden*
   ➤ *Arbeitsplatte und Ablage zuschneiden*
   ➤ *Gewinde in Stahlringe fräsen*
   ➤ *Arbeitsplatte und Ablage schleifen*
   ➤ *Frontblende lackieren und trocknen.*

Vorlage: Arbeitsplan

Arbeitsplan					
Schreibtisch „Pro Secura" Projekt-Nr. P-23486					
Arbeitsplannummer AP-1002.500					
Nr.	Arbeitsvorgänge	Werkstatt	RZ (Min.)	SZ (Min.)	LG
1		Sägen	4	4	2
2	Arbeitsplatte und Ablage hobeln	Hobeln	3	4	2
3	Arbeitsplatte und Ablage bohren	Bohren	3	1	2
4		Schleifen	4	4	2
5	Arbeitsplatte und Ablage lackieren und trocknen	Lackieren	5	4	3
6	Tischbeine zuschneiden*	Sägen	2	3	2
7	Stahlringe bohren	Bohren	4	2	2
8		Fräsen	3	2	2
9	Tischbeine und Stahlringe verschweißen*	Schweißen	2	3	2
10	Tischbeine inkl. Stahlringe schleifen*	Schleifen	2	4	2
11	Frontblende zuschneiden	Sägen	3	3	2
12	Frontblende hobeln	Hobeln	4	2	2
13		Bohren	4	3	2
14	Frontblende schleifen	Schleifen	3	4	2
15		Lackieren	2	3	3
16	Halterungen mit Frontblende verbinden	Montieren	4	2	1
17	Füße in Tischbeine schrauben*	Montieren	4	1	1
18		Montieren	3	3	1
19	Ablage mit Arbeitsplatte verbinden	Montieren	2	2	1

* **Hinweis:** Die Bearbeitungszeit von 3 Minuten für den Arbeitsgang Nr. 6 bedeutet z. B., dass man 3 Minuten benötigt, um **alle** Tischbeine für **einen** Schreibtisch zuzuschneiden.

Legende: RZ = Rüstzeit; SZ = Stückzeit (Bearbeitungszeit); LG = Lohngruppe

9. Die Belegungszeit auf einer Fertigungsmaschine setzt sich aus der Rüstzeit und der Bearbeitungszeit (Stückzeit) zusammen. Ermitteln Sie exemplarisch, wie viel Zeit man, bezogen auf die gesamte Auftragsmenge von 10 Schreibtischen, für die Arbeitsgänge 1 und 6 benötigt.

Arbeitsgang 1	
Arbeitsgang 6	

3 Fertigungstechnische Rahmenbedingungen beschreiben und bewerten

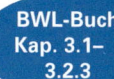
BWL-Buch Kap. 3.1– 3.2.3

Situation:

Wie jeden Montag sitzen die Bereichsleiter der Ulmer Büromöbel AG sowie der Leiter der Abteilung Finanzen, Sven Agsten, zusammen, um die aktuelle Lage zu besprechen.

Ausschnitt aus dem Gespräch:

Herr Sutter: Ich habe keine guten Nachrichten. Wir kommen mit der Produktion einfach nicht nach. Wir können die zugesagten Liefertermine unmöglich einhalten.

Herr Rößler: Das darf doch wohl nicht wahr sein. Was sollen wir unseren Kunden sagen?

Herr Agsten: Woran liegt es denn? Sind unsere Mitarbeiter nicht motiviert genug oder haben wir Materialengpässe?

Herr Sutter: Weder noch, Herr Agsten. So wie wir die Fertigung seit Jahren organisiert haben, geht eben alles etwas langsamer und bei der Vielzahl an unterschiedlichen Aufträgen verliert man ab und an den Überblick.

Herr Rößler: Können wir unsere Fertigung denn dann nicht anders organisieren?

Herr Sutter: Möglich wäre es.

Herr Agsten: Meine Herren, bevor wir eine so schwerwiegende Entscheidung treffen, sollten wir die Alternativen eingehend unter die Lupe nehmen. Fehlentscheidungen können uns teuer zu stehen kommen.

Arbeitsaufträge:

1. Die Ulmer Büromöbel AG hat sich vor einigen Jahren für den Organisationstyp Werkstättenfertigung entschieden.

   1.1 Informieren Sie sich über die Werkstättenfertigung und halten Sie die wesentlichen Merkmale in der zur Verfügung stehenden Struktur fest (Material 1).

   1.2 Informieren Sie sich über mögliche Alternativen. Benennen und beschreiben Sie in diesem Zusammenhang die unter Material 2 abgebildeten Organisationstypen.

   1.3 Die Arbeit am Fließband wird aus arbeitsmedizinischer Sicht häufig kritisch betrachtet. Dennoch sind z. B. die Arbeitsplätze an den Fließbändern der Automobilindustrie sehr begehrt. Diskutieren Sie mögliche Gründe für die beiden unterschiedlichen Sichtweisen.

_____

_____

_____

_____

_____

_____

_____

_____

Material 1: Schaubild „Werkstättenfertigung"

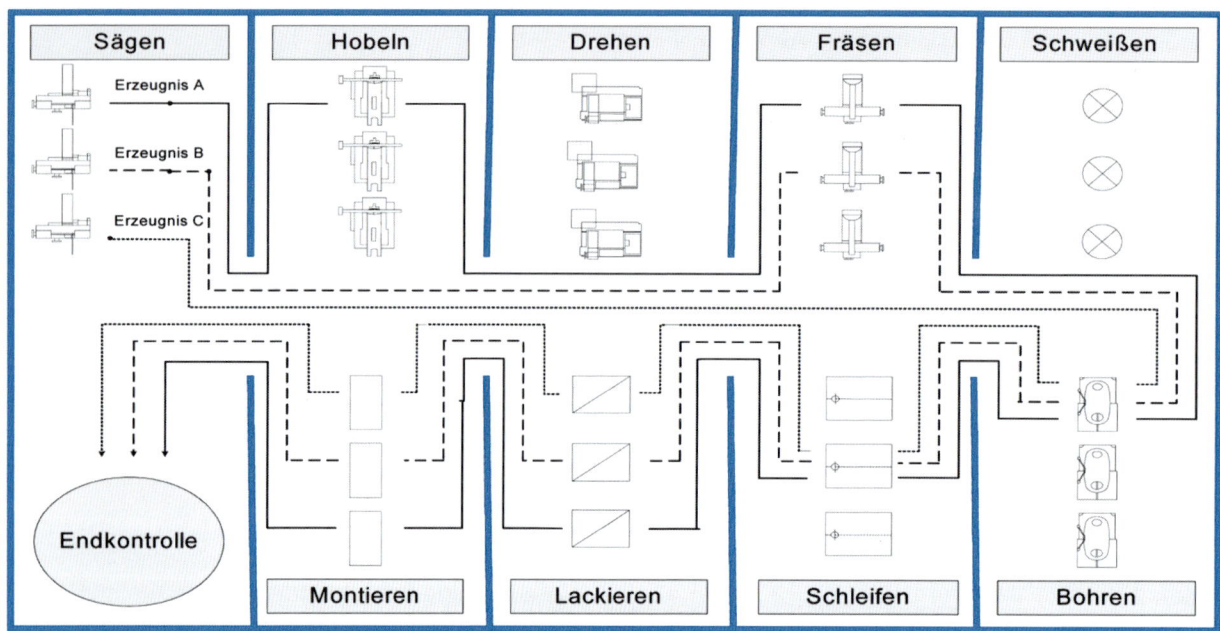

Wie sind die Fertigungsmaschinen und -einrichtungen angeordnet?

Welche Maschinenart wird verwendet?

Welche Qualifikation benötigen die Mitarbeiter?

3 Fertigungstechnische Rahmenbedingungen beschreiben und bewerten

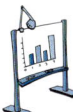

Material 2: Weitere Organisationstypen

Organisationstyp 2: _____

[Abbildung: Zwei parallele Fließbänder mit jeweils 4 Bearbeitungsstationen und Personal, Werkstoffe links, Erzeugnis A und Erzeugnis B rechts]

Wie sind die Fertigungsmaschinen und -einrichtungen angeordnet?

Welche Maschinenart wird verwendet?

Welche Qualifikation benötigen die Mitarbeiter?

Material 2: Fortsetzung

Organisationstyp 3: _____

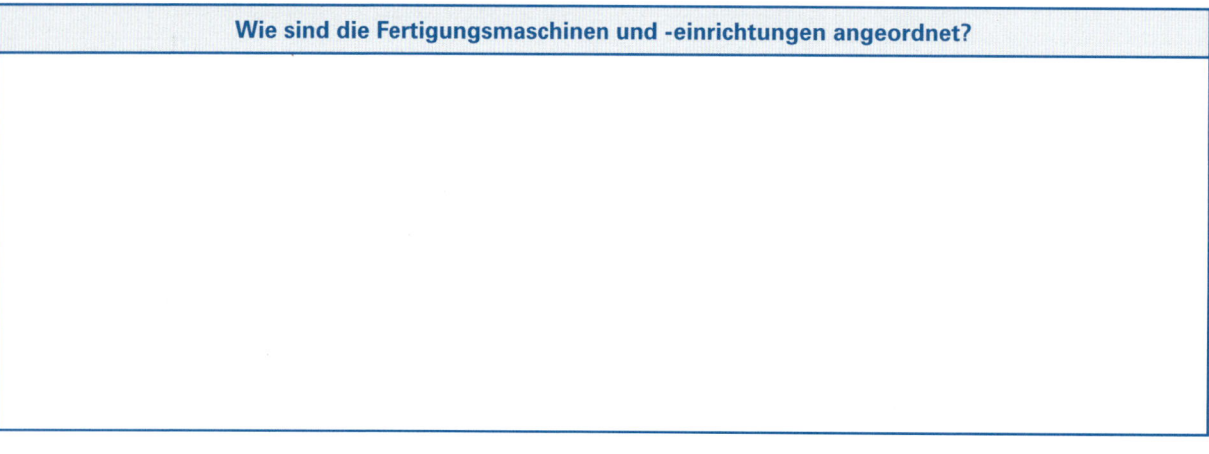

Wie sind die Fertigungsmaschinen und -einrichtungen angeordnet?

Welche Maschinenart wird verwendet?

Welche Qualifikation benötigen die Mitarbeiter?

3 Fertigungstechnische Rahmenbedingungen beschreiben und bewerten

Material 2: Fortsetzung

Organisationstyp 4: _____

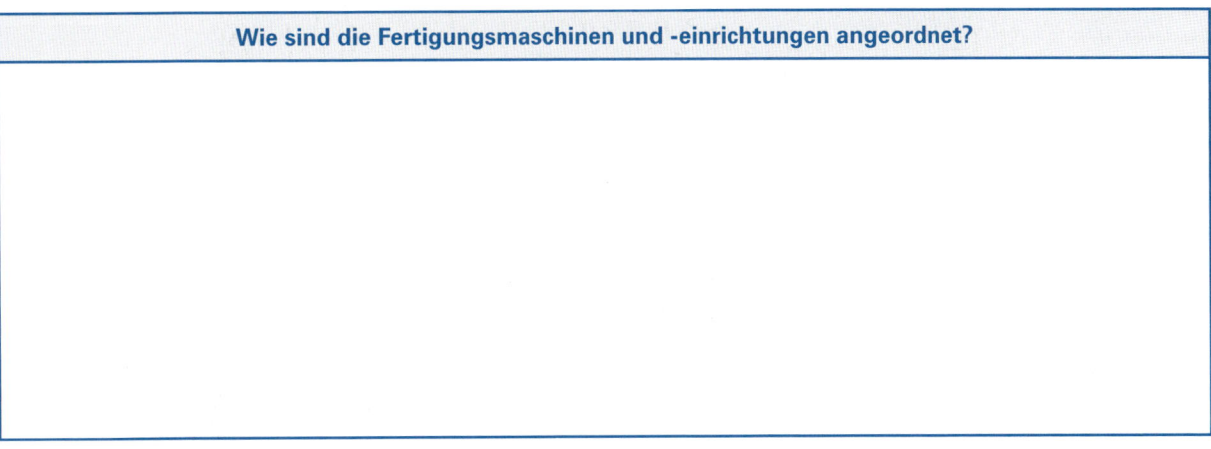

Wie sind die Fertigungsmaschinen und -einrichtungen angeordnet?

Welche Maschinenart wird verwendet?

Welche Qualifikation benötigen die Mitarbeiter?

2. Halten Sie die Vor- und Nachteile der einzelnen Organisationstypen in der nachfolgenden Tabelle fest, indem Sie die Organisationstypen hinsichtlich der vorgegebenen Merkmale beurteilen.

Merkmale	Werkstätten-fertigung	Reihen-fertigung	Fließband-fertigung	Gruppen-fertigung
Anpassungsfähigkeit an Nachfrageänderungen				
Transportkosten aufgrund langer Transportwege				
Qualifikation der Mitarbeiter				
Lohnkosten				
Kosten für Zwischenlagerung				
Kosten der Arbeitsvorbereitung				

3. Unterbreiten Sie der Ulmer Büromöbel AG einen Handlungsvorschlag für ein geeignetes Fertigungsverfahren. Begründen Sie, ob die Werkstättenfertigung beibehalten werden sollte oder ein anderer Organisationstyp unter folgenden Annahmen zweckmäßiger erscheint: Die Ulmer Büromöbel AG fertigt Schreibtische, Büroschränke und Bürostühle in verschiedenen Ausführungen und in begrenzten Stückzahlen (Kleinserie). Zudem fertigt man auch nach ganz speziellen Wünschen der Kunden. Der Anteil der Spezialanfertigungen beträgt ca. 40 % des Auftragsvolumens.

3 Fertigungstechnische Rahmenbedingungen beschreiben und bewerten

4. Ordnen Sie die folgenden Fertigungstypen (Fertigungsverfahren nach der Häufigkeit der Prozesswiederholung) den unten aufgeführten Fällen zu:
   - Einzelfertigung
   - Serienfertigung
   - Sortenfertigung
   - Massenfertigung

1	Der Getränkehersteller Hoffmann KG produziert zusätzlich zur traditionellen Limonade eine kalorienarme Version.	
2	Die Brauer GmbH produziert Schrauben in sehr hohen Stückzahlen.	
3	Die Borgmann GmbH baut für einen Multimillionär nach dessen Vorstellungen eine Luxusyacht.	
4	Das Bauunternehmen Bullinger AG erstellt in der Nähe von Stuttgart eine neue Autobahnbrücke.	
5	Bei der Adam Opel AG in Rüsselsheim wird sowohl der Insignia als auch der Zafira gefertigt.	
6	Die Stollberg GmbH produziert in sehr großen Mengen Recyclingpapier für Kopiergeräte.	
7	Die Gruber AG erstellt einen Staudamm in Südafrika.	
8	Bei der Scheider AG werden sowohl DVD-Player als auch CD-Player produziert.	

5. Die Entscheidung, welcher Organisationstyp sinnvoll ist, ist eng mit der Frage nach dem Fertigungstyp verknüpft. Entscheiden Sie, welcher bzw. welche Fertigungstypen für die einzelnen Organisationstypen in Betracht kommen.

Organisationstyp	Fertigungstyp
Werkstättenfertigung	
Reihenfertigung	
Fließbandfertigung	
Gruppenfertigung	

4 Die optimale Losgröße ermitteln

Situation:

Einige Wochen bevor der neue Bürodrehstuhl Tergo gefertigt werden soll, sitzen Herr Sutter, Bereichsleiter Produktion der Ulmer Büromöbel AG, und zwei Abteilungsleiter zusammen, um anstehende Probleme zu besprechen.

Herr Sutter: Meine Herren, nun ist es endlich so weit. Der Bürodrehstuhl Tergo kann in Serie gehen. Alle Vorarbeiten sind erledigt.

Herr Denzel: Wie viel Einheiten sollen denn im laufenden Jahr hergestellt werden?

Herr Sutter: Unser Marketingleiter, Herr Baur, geht von einer Absatzprognose von 2 000 Einheiten pro Jahr aus.

Herr Denzel: Aus diesem Grund schlage ich vor, dass wir zunächst 500 Stühle am Stück produzieren und auf Lager legen. Zu Quartalsbeginn produzieren wir dann jeweils die übrigen Teilmengen.

Herr Köbach: Herr Denzel, das halte ich nun wirklich für keine gute Idee. Wissen Sie, wie viel Lagerkosten anfallen, wenn ich 500 Stühle auf Lager nehme?

Herr Denzel: Schön und gut, Herr Köbach. Aber bedenken Sie bitte, dass wir, wenn die Serien häufiger gewechselt und damit kleinere Stückzahlen gefertigt werden, die Maschinen jedes Mal neu einstellen müssen. Das verursacht enorme Kosten.

Herr Sutter: Meine Herren, hier handelt es sich eindeutig um ein Optimierungsproblem. Was schlagen Sie vor?

Arbeitsaufträge:

1. Ermitteln Sie unter Berücksichtigung der internen Mitteilung (Material 1) die optimale Losgröße für den Bürodrehstuhl Tergo mithilfe der Entscheidungstabelle (Material 2).

Material 1: Interne Mitteilung

Interne Mitteilung — Ulmer Büromöbel AG

an: Manuel Denzel (Fertigung)	**Abteilung:** Fertigung
von: Tim Stenger	**Datum:** 05.05.20..
	Zeichen: stg

Informationen zum Bürodrehstuhl Tergo

Jährliche Produktionsmenge:	2 000 Stück
Selbstkosten je Stück:	600,00 EUR
Rüstkosten je Wechsel:	320,00 EUR
Lagerhaltungskostensatz:	20 %

Mit freundlichen Grüßen

Tim Stenger

4 Die optimale Losgröße ermitteln

 **Material 2: Entscheidungstabelle**

Los-größe	Auflagen-häufigkeit	Rüstkosten pro Jahr in EUR	⌀ Lager-bestand in Stück	⌀ Lager-bestand in EUR	Lager-haltungskosten in EUR	Gesamtkosten der Losgröße in EUR
2 000						
1 000						
500						
400						
200						
100						
50						
20						
10						

Optimale Losgröße	

2. Vervollständigen Sie folgende Merksätze:

Merksatz 1

Eine _____ Losgröße hat eine _____ Anzahl von Losen zur Folge. Daher sind die Rüstkosten _____, die _____ hingegen hoch.

Merksatz 2

Eine _____ Losgröße hat eine _____ Anzahl von Losen zur Folge. Die _____ sind daher hoch, die Lagerhaltungskosten dagegen _____.

5 Material für die Fertigung bereitstellen

Situation:

Am Morgen des 19.02.20.. bittet der Lagerleiter Philipp Uhl seinen Mitarbeiter Anton König zu sich, um die aktuelle Lage zu besprechen.

Herr Uhl: Guten Morgen, Herr König. Wie Sie wissen, hat die Huber GmbH 200 unserer Standardschreibtische bestellt. Liefertermin ist der 1. April. Da wir etwa 14 Tage für die Herstellung brauchen, soll die Produktion am 6. März beginnen. Haben wir denn genügend Material auf Lager?

Herr König: Da müsste ich mal nachsehen. Die Arbeitsplatten und einige Kleinteile müssten eigentlich auf Lager liegen. Bei den anderen Teilen bin ich mir nicht sicher.

Herr Uhl: Sie sind gut, Herr König. Viel Zeit bleibt uns nicht mehr. Machen Sie sich bitte an die Arbeit. Ich möchte so schnell wie möglich die exakten Zahlen haben.

Arbeitsaufträge:

1. Beschreiben Sie mögliche Auswirkungen, wenn am 6. März die benötigten Materialien nicht zur Verfügung stehen sollten.

   _____
   _____
   _____
   _____

2. Die Ulmer Büromöbel AG unterhält ein großes Werkstofflager, in dem insbesondere Roh-, Hilfs- und Betriebsstoffe gelagert werden.

   2.1 Nennen Sie jeweils zwei Beispiele für Personal- und Sachkosten.

   _____
   _____
   _____
   _____

   2.2 Geben Sie je 3 Vor- und Nachteile an, die mit hohen Lagerbeständen verbunden sind.

Vorteile	
Nachteile	

   Bei geringen Lagerbeständen kehren sich die Vor- und Nachteile um.

5 Material für die Fertigung bereitstellen

3. Für die Produktion der bestellten Standardschreibtische werden u. a. die in der Tabelle aufgeführten Teile benötigt. Ermitteln Sie die für den Auftrag benötigten Bruttobedarf.

Teile	Teile-Nr.	Stück pro Schreibtisch	Bruttobedarf (benötigte Stückzahl)
Arbeitsplatte	4120	1	
Fußteil	4114	2	
Schrauben	4119	16	
Winkel	4140	4	

4. Ermitteln Sie anhand der Lagerdateien (Material 1) den disponierbaren Lagerbestand der benötigten Teile.

Berechnungsschema	Arbeitsplatte Teile-Nr. 4120	Fußteil Teile-Nr. 4114	Schrauben Teile-Nr. 4119	Winkel Teile-Nr. 4140
Effektiver Lagerbestand				
− Sicherheitsbestand				
− reservierter Bestand				
= verfügbarer Lagerbestand				
+ Bestellbestand				
= disponierbarer Lagerbestand				

5. Ermitteln Sie nun anhand der obigen Ergebnisse den Nettobedarf für die benötigten Teile.

Teile	Nettobedarf
Arbeitsplatte	
Fußteil	
Schrauben	
Winkel	

6. Erläutern Sie, welche Konsequenzen sich für den Einkauf der Ulmer Büromöbel AG aus den obigen Ergebnissen ergeben.

_____
_____
_____
_____
_____
_____

Material 1: Auszug aus Lagerdateien vom 19.02.20..

Material	Arbeitsplatte			
Teilenummer	4120			
Lagerplatz-Nr.	3024			
Aktueller Lieferant	Gede GmbH			
Lieferzeit	7 Tage			
Aktueller Bezugspreis	90,00 EUR je Stück			
Reservierter Bestand	40 Stück			
Sicherheitsbestand	50 Stück			
Datum	Beleg	Zugang	Abgang	Bestand	Bestellung
15.01.	ME 20120		50	340	
25.01.	ME 20127		40	300	150
01.02.	BE 15247	150		450	
05.02.	ME 20133		60	390	
15.02.	ME 20150		40	350	
19.02.	ME 20165		30	320	150

Material	Schrauben			
Teilenummer	4119			
Lagerplatz-Nr.	3033			
Aktueller Lieferant	Färber AG			
Lieferzeit	14 Tage			
Aktueller Bezugspreis	0,50 EUR je Stück			
Reservierter Bestand	200 Stück			
Sicherheitsbestand	300 Stück			
Datum	Beleg	Zugang	Abgang	Bestand	Bestellung
11.01.	ME 20015		500	3.000	
15.01.	ME 20122		400	2.600	
22.01.	BE 20124	400		3.000	
25.01.	ME 20126		600	2.400	
17.02.	ME 20158		400	2.000	
19.02.	ME 20167		500	1.500	400

Material	Fußteil			
Teilenummer	4114			
Lagerplatz-Nr.	1818			
Aktueller Lieferant	Freier OHG			
Lieferzeit	8 Tage			
Aktueller Bezugspreis	2,20 EUR je Stück			
Reservierter Bestand	100 Stück			
Sicherheitsbestand	500 Stück			
Datum	Beleg	Zugang	Abgang	Bestand	Bestellung
28.01.	ME 20346		140	2.040	300
02.02.	ME 20131		200	1.840	
05.02.	BE 15260	400		2.240	
06.02.	ME 20138		200	2.040	
08.02.	ME 20143		160	1.880	
19.02.	ME 20160		80	1.800	300

Material	Winkel			
Teilenummer	4140			
Lagerplatz-Nr.	2002			
Aktueller Lieferant	Böllmann KG			
Lieferzeit	5 Tage			
Aktueller Bezugspreis	1,20 EUR je Stück			
Reservierter Bestand	400 Stück			
Sicherheitsbestand	200 Stück			
Datum	Beleg	Zugang	Abgang	Bestand	Bestellung
15.01.	ME 20121		120	2.600	
26.01.	ME 20130		300	2.300	
04.02.	ME 20132		400	1.900	
07.02.	ME 20139		200	1.700	
16.02.	ME 20157		700	1.000	
19.02.	ME 20169		300	700	600

ME = Materialentnahme für die Produktion BE = Bestellung beim Lieferanten

6 Netzpläne erstellen und auswerten

BWL-Buch Kap. 5.2

Situation:

Die Ulmer Büromöbel AG beabsichtigt, einen neuen Schreibtisch für den Managementbereich auf den Markt zu bringen. Er soll den gestiegenen Bedürfnissen der Kunden an Kommunikation und Repräsentation Rechnung tragen. Marktforschungsergebnisse zeigen, dass bei den Kunden ein großes Interesse an derartigen Schreibtischen besteht.

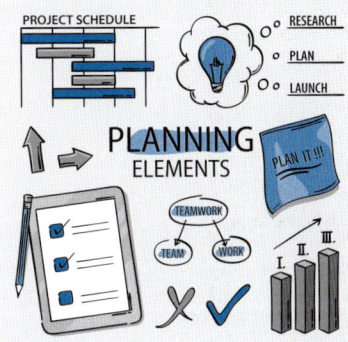

Der Vorstand der Ulmer Büromöbel AG beauftragt den Leiter der Marketingabteilung, Herrn Baur, damit, ein Projektteam zusammenzustellen. Das Projekt „Management-Schreibtisch" erhält höchste Priorität. Das Projektteam begibt sich sofort daran festzulegen, welche Aufgaben erledigt werden müssen, bevor der neue Schreibtisch in Serie gehen kann. Außerdem will man wissen, wann mit der Produktion der Schreibtische frühestens begonnen werden kann.

Arbeitsaufträge:

1. Das Projektteam hat folgende Informationen bezüglich des neuen Schreibtisches zusammengetragen.

Projekt Schreibtisch für den Managementbereich				
Nr.	Aufgaben (Vorgänge)	Dauer in Tagen	Vorgänger des Vorgangs	Nachfolger des Vorgangs
1	Ideenfindung	8	–	2
2	Ideenauswahl	12	1	3
3	Produktkonzept und -gestaltung	20	2	4 und 6
4	Materialbeschaffung	3	3	5
5	Bau und Test des Prototyps	5	4	7
6	Absatzstrategie	10	3	7
7	Markttest	20	5 und 6	8
8	Ressourcenbereitstellung	15	7	9
9	Produktionsprozess umstellen	5	8	–

Erstellen Sie einen Netzplan, um das obige Projekt zu veranschaulichen. Gehen Sie dabei wie folgt vor:

1.1 Zeichnen Sie mithilfe der vorgegebenen Struktur den Netzplan.

1.2 Ermitteln Sie im Rahmen der Vorwärtsrechnung die frühestmöglichen Anfangs- und Endzeitpunkte (FAZ und FEZ).

1.3 Ermitteln Sie, wie viel Zeit das Projekt „Management-Schreibtisch" insgesamt in Anspruch nimmt.

Das Projekt nimmt insgesamt _____ Tage in Anspruch.

Netzplan „Projekt – Management-Schreibtisch"

Start → **0**

6 Netzpläne erstellen und auswerten

1.4 Ermitteln Sie, wann mit der Produktion der Schreibtische frühestens begonnen werden kann, wenn das Projekt am 10.08.20.. mit der Ideenfindung starten soll. Gehen Sie bei der Bearbeitung von einer Arbeitswoche von 7 Tagen aus.

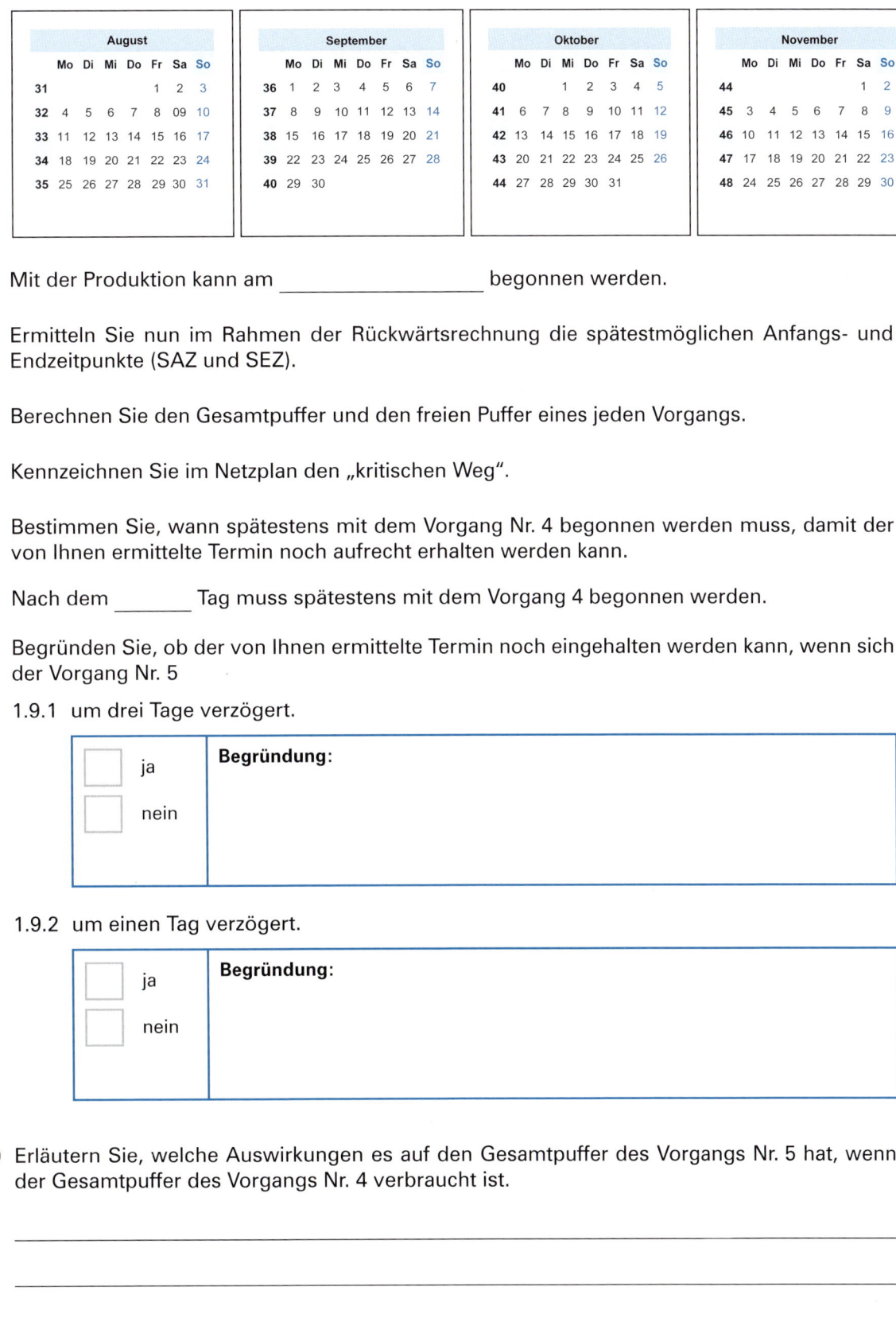

Mit der Produktion kann am _____ begonnen werden.

1.5 Ermitteln Sie nun im Rahmen der Rückwärtsrechnung die spätestmöglichen Anfangs- und Endzeitpunkte (SAZ und SEZ).

1.6 Berechnen Sie den Gesamtpuffer und den freien Puffer eines jeden Vorgangs.

1.7 Kennzeichnen Sie im Netzplan den „kritischen Weg".

1.8 Bestimmen Sie, wann spätestens mit dem Vorgang Nr. 4 begonnen werden muss, damit der von Ihnen ermittelte Termin noch aufrecht erhalten werden kann.

Nach dem _____ Tag muss spätestens mit dem Vorgang 4 begonnen werden.

1.9 Begründen Sie, ob der von Ihnen ermittelte Termin noch eingehalten werden kann, wenn sich der Vorgang Nr. 5

    1.9.1 um drei Tage verzögert.

☐ ja
☐ nein
Begründung:

    1.9.2 um einen Tag verzögert.

☐ ja
☐ nein
Begründung:

1.10 Erläutern Sie, welche Auswirkungen es auf den Gesamtpuffer des Vorgangs Nr. 5 hat, wenn der Gesamtpuffer des Vorgangs Nr. 4 verbraucht ist.

_____
_____
_____
_____

Fortsetzung der Situation:

Ein Großraumbüro der Ulmer Büromöbel AG ist dringend renovierungsbedürftig. Während dieser Zeit kann das Büro nicht benutzt werden. Die betroffenen Mitarbeiter müssen notgedrungen auf die übrigen Büros verteilt werden. Dies ist natürlich mit einigen Unannehmlichkeiten verbunden. Daher wollen die Mitarbeiter genau wissen, wann sie ihr Büro wieder beziehen können. Das zu diesem Zweck gebildete Projektteam hat sich diesbezüglich einige Gedanken gemacht. Diese liegen in Form der nachfolgenden Tabelle vor.

Projekt Bürorenovierung				
Nr.	Aufgaben (Vorgänge)	Dauer in Tagen	Vorgänger des Vorgangs	Nachfolger des Vorgangs
1	Auftrag erteilen	1	–	2, 3 und 4
2	Zelt aufbauen (zur Lagerung der Möbel)	2	1	5
3	Material und Geräte beschaffen	1	1	6
4	Neuen Boden beschaffen	4	1	10
5	Möbeltransport zum Zelt	2	2	6
6	Boden entfernen und entsorgen	2	5 und 3	7 und 8
7	Tapeten entfernen und entsorgen	2	6	9
8	Neue Elektrik verlegen	4	6	9
9	Wände tapezieren, streichen und trocknen	4	7 und 8	10
10	Boden verlegen	1	4 und 9	11
11	Möbeltransport aus Zelt	2	10	12
12	Zelt abbauen	1	11	–

2. Auf Basis der Vorgangsliste kann nun der Ablauf des Projekts terminlich geplant werden. Gehen Sie dabei wie folgt vor:

   2.1 Erstellen Sie mithilfe der vorgegebenen Struktur einen vollständigen Netzplan.

   2.2 Ermitteln Sie, wie viel Zeit die Renovierung des Großraumbüros insgesamt in Anspruch nimmt.

   Die Renovierung des Großraumbüros nimmt insgesamt _____ Tage in Anspruch.

   2.3 Das Projekt soll am 02.05.20.. mit der Auftragserteilung starten. Bestimmen Sie, wann das Projekt abgeschlossen ist. Gehen Sie in diesem Fall von einer Arbeitswoche von 5 Tagen (Montag bis Freitag) aus.

Mai						
	Mo	Di	Mi	Do	Fr	Sa	So
18				1	2	3	4
19	5	6	7	8	9	10	11
20	12	13	14	15	16	17	18
21	19	20	21	22	23	24	25
22	26	27	28	29	30	31	

Juni						
	Mo	Di	Mi	Do	Fr	Sa	So
22							1
23	2	3	4	5	6	7	8
24	9	10	11	12	13	14	15
25	16	17	18	19	20	21	22
26	23	24	25	26	27	28	29
27	30						

   _____
   _____
   _____

   2.4 Erläutern Sie, welche Vorgänge sich verzögern können, ohne dass die Gesamtdauer des Projekts gefährdet wird.

   _____
   _____

6 Netzpläne erstellen und auswerten

 **Netzplan „Projekt – Bürorenovierung"**

Start → **0**

7 Einen Maschinenbelegungsplan erstellen und interpretieren

Situation:

Die BFG Computer OHG erteilt der Ulmer Büromöbel AG den Auftrag über die Fertigung von 10 Schreibtischen, die nach speziellen Wünschen des Kunden gefertigt werden sollen. Nachdem Herr Gentner, zuständiger Mitarbeiter für die Produktionsterminplanung, sichergestellt hat, dass alle benötigten Materialien zur Verfügung stehen, gibt er den Auftrag zur Fertigung frei. Hierbei ist zu beachten, dass bei der Ulmer Büromöbel AG mehrere Aufträge gleichzeitig bearbeitet werden.

Herr Gentner versucht, die Aufträge so auf die verschiedenen Maschinen zu verteilen, dass wenig Leerzeiten anfallen und alle Aufträge so schnell wie möglich abgearbeitet werden.

Interne Mitteilung

Infos aus der Fertigung:

- Derzeit liegen 3 Kundenaufträge vor: A1, A2 und A3. Gemäß Entscheidung des Vorstands soll der **Auftrag der BFG Computer OHG (A2)** vorrangig bearbeitet werden. Die beiden übrigen Aufträge sind gleichrangig zu behandeln.
- Für die Fertigung stehen drei Maschinen zur Verfügung:
  M1 = Bohrmaschine
  M2 = Drehmaschine
  M3 = Fräsmaschine.
- Für die einzelnen Aufträge werden folgende Maschinen in der vorgegebenen Reihenfolge benötigt. Die Reihenfolge ist dabei zwingend einzuhalten.

Aufträge	Vorgang 1		Vorgang 2		Vorgang 3	
	Maschine	Minuten	Maschine	Minuten	Maschine	Minuten
A1	M2	50	M1	15	M3	10
A2	M1	55	M2	45	M3	45
A3	M3	95	M2	20	M1	10

Arbeitsaufträge:

1. Einige Zeit später erhält Herr Denzel, Leiter der Fertigungsabteilung, die von Herrn Gentner durchgeführte Maschinenbelegungsplanung zwecks Überprüfung (siehe Folgeseite). „Nun", denkt Herr Denzel, „das lässt sich doch noch optimieren!"

    1.1 Ermitteln Sie, nach wie vielen Minuten die drei Aufträge gemäß der von Herrn Gentner erstellten Maschinenbelegungsplanung abgeschlossen sind.

    Für die Bearbeitung der 3 Aufträge werden insgesamt _____ Minuten benötigt.

    1.2 Optimieren Sie die Maschinenbelegungsplanung von Herrn Gentner. Ermitteln Sie, wie viel Zeit nun benötigt wird. Nutzen Sie die beiden zur Verfügung stehenden Optimierungstabellen (Optimierungstabelle 2 steht zur Verfügung, falls Sie einen zweiten Versuch benötigen).

    Nun werden nur noch _____ Minuten für die Bearbeitung benötigt. Die Zeitersparnis beträgt also _____ Minuten.

7 Einen Maschinenbelegungsplan erstellen und interpretieren

Maschinenbelegungsplanung

Maschinenbelegungsplanung (erstellt von Herrn Gentner): ■ = A1   ■ = A2 (BFG Computer OHG)   ■ = A3

Belegungszeit in Minuten

Maschinen	5	10	15	20	25	30	35	40	45	50	55	60	65	70	75	80	85	90	95	100	105	110	115	120	125	130	135	140	145	150	155	160	165	170	175	180
M1	■	■	■	■	■	■	■	■	■	■	■																				■	■	■		■	■
M2												■	■	■	■	■	■	■				■	■	■	■	■	■	■	■	■	■			■		
M3					■	■	■	■	■	■	■	■	■					■	■	■	■	■	■	■	■	■	■	■	■							■

Optimierung 1 (erster Versuch):

Belegungszeit in Minuten

Maschinen	5	10	15	20	25	30	35	40	45	50	55	60	65	70	75	80	85	90	95	100	105	110	115	120	125	130	135	140	145	150	155	160	165	170	175	180
M1																																				
M2																																				
M3																																				

Optimierung 2 (zweiter Versuch, wenn nötig):

Belegungszeit in Minuten

Maschinen	5	10	15	20	25	30	35	40	45	50	55	60	65	70	75	80	85	90	95	100	105	110	115	120	125	130	135	140	145	150	155	160	165	170	175	180
M1																																				
M2																																				
M3																																				

2. In der Werkstatt, in der bei der Ulmer Büromöbel AG die Lackierarbeiten für die Untergestelle der Schreibtische durchgeführt werden, kommen verschiedene Lackierautomaten und manuell zu bedienende Spritzpistolen zum Einsatz. Zudem verfügt die Ulmer Büromöbel AG über spezielle Trocknungsgeräte, die den Trocknungsprozess verkürzen. Derzeit liegen 4 Kundenaufträge vor, die gleichrangig zu bearbeiten sind.

Für die vier Aufträge werden folgende Maschinen in der vorgegebenen Reihenfolge benötigt. Die Reihenfolge ist dabei zwingend einzuhalten.

Auf-träge	Vorgang 1		Vorgang 2		Vorgang 3		Vorgang 4	
	Maschine	Minuten	Maschine	Minuten	Maschine	Minuten	Maschine	Minuten
A1	M1	40	M2	40	M3	40	M2	20
A2	M1	60	M2	20	–	–	–	–
A3	M3	40	M1	20	M2	40	–	–
A4	M3	40	M2	10	–	–	–	–

2.1 Planen Sie gemäß den vorliegenden Informationen die Maschinenbelegung für die 23. Kalenderwoche (Maschinenbelegungsplan 2 steht zur Verfügung, falls Sie einen zweiten Versuch benötigen).

Maschinenbelegungsplan 1

Maschinen	10	20	30	40	50	60	70	80	90	100	110	120	130	140	150	160	170	180	190	200
M1																				
M2																				
M3																				

Maschinenbelegungsplan 2 (wenn nötig)

Maschinen	10	20	30	40	50	60	70	80	90	100	110	120	130	140	150	160	170	180	190	200
M1																				
M2																				
M3																				

2.2 Ermitteln Sie, wie viel Minuten für die Bearbeitung der vier Aufträge benötigt werden.

Für die Bearbeitung der 4 Aufträge werden insgesamt _____ Minuten benötigt.

8 Betriebliche Kennzahlen mithilfe des Produktionscontrollings berechnen und interpretieren

BWL-Buch Kap. 7

Situation:

Aufgrund des zunehmenden Wettbewerbsdrucks in der Büromöbelbranche hat die Ulmer Büromöbel AG im abgelaufenen Geschäftsjahr vielfältige Maßnahmen ergriffen, um die Produktionsprozesse zu optimieren. Im Rahmen eines Anfang Januar stattfindenden Produktionscontrollings soll nun überprüft werden, ob die Maßnahmen erfolgreich waren. Zu diesem Zweck sind verschiedene Kennzahlen zu ermitteln und mit den Zahlen aus dem Vorjahr zu vergleichen.

Arbeitsaufträge:

1. Ermitteln Sie unter Zuhilfenahme von Material 1 und 2 im Rahmen des Produktionscontrollings sowohl für das abgelaufene aktuelle Geschäftsjahr (Jahr 02) als auch für das Vorjahr (Jahr 01) die Kennzahlen Arbeitsproduktivität und Wirtschaftlichkeit. Berechnen Sie, um wie viel % die Ulmer Büromöbel AG im Vergleich zum Vorjahr besser oder schlechter abschneidet.

   Hinweis: Runden Sie die Ergebnisse auf vier Stellen hinter dem Komma (Arbeitsproduktivität) und auf zwei Stellen hinter dem Komma (Wirtschaftlichkeit).

Fazit

2. Die Ulmer Büromöbel AG hat über den Bundesverband der Büromöbelindustrie die Zahlen der Branche in Erfahrung gebracht (Material 1). Vergleichen Sie die Ergebnisse der Ulmer Büromöbel AG mit den Durchschnittswerten der Büromöbelbranche im Jahr 02. Berechnen Sie, um wie viel % die Ulmer Büromöbel AG besser oder schlechter abschneidet.

Fazit	

3. Begründen Sie, ob die Wirtschaftlichkeit sinken kann, obwohl die Umsatzerlöse gestiegen sind.

4. Stellen Sie zwei grundlegende Möglichkeiten dar, höhere Umsatzerlöse zu erzielen.

➤ _____

➤ _____

5. Erläutern Sie die Auswirkungen von Kostensenkungsmaßnahmen auf die Wirtschaftlichkeit.

8 Betriebliche Kennzahlen mithilfe des Produktionscontrollings berechnen und interpretieren

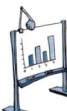

Material 1: Interne Mitteilungen

Interne Mitteilung

an: Daniel Sutter (Produktion)
von: Charly Klein

Abteilung: Controlling
Datum: 10.01.20..
Zeichen: kle

Informationen Personal

Unsere 420 Mitarbeiter fertigten im Jahr 01 insgesamt 20 500 Büromöbel. Im Jahr 02 belief sich die Produktionsmenge bei unverändertem Personalbestand auf 21 400 Einheiten. Unsere Mitarbeiter waren in beiden Jahren jeweils 46 Wochen im Einsatz. Gearbeitet wurde an 5 Tagen pro Woche. Die tägliche Arbeitszeit betrug 8 Stunden.

Informationen Büromöbelbranche

Der Bundesverband der Büromöbelindustrie hat im Geschäftsbericht 02 folgende Zahlen veröffentlicht: In vergleichbaren mittelständischen Unternehmen liegt die Arbeitsproduktivität bei 0,0269 und die Wirtschaftlichkeit bei 1,07.

Material 2: Gewinn- und Verlustrechnungen der Ulmer Büromöbel AG

Aufwendungen[1]	GuV 01 (Vorjahr – in EUR)	Erträge	
Aufwendungen für Rohstoffe	5 900 000,00	Umsatzerlöse	20 000 000,00
Aufwendungen für Hilfsstoffe	1 000 000,00		
Aufwendungen für Betriebsstoffe	1 300 000,00		
Abschreibungen	400 000,00		
Zinsaufwendungen (Fremdkapitalzinsen)	300 000,00		
Löhne und Gehälter	7 500 000,00		
Sonstige Aufwendungen	2 100 000,00		
Gewinn	1 500 000,00		
	20 000 000,00		20 000 000,00

Aufwendungen[1]	GuV 02 (abgelaufenes aktuelles Geschäftsjahr – in EUR)	Erträge	
Aufwendungen für Rohstoffe	6 500 000,00	Umsatzerlöse	22 070 000,00
Aufwendungen für Hilfsstoffe	1 200 000,00		
Aufwendungen für Betriebsstoffe	1 300 000,00		
Abschreibungen	500 000,00		
Zinsaufwendungen (Fremdkapitalzinsen)	370 000,00		
Löhne und Gehälter	7 700 000,00		
Sonstige Aufwendungen	2 700 000,00		
Gewinn	1 800 000,00		
	22 070 000,00		22 070 000,00

---

1 Bei den aufgeführten Aufwendungen handelt es sich in allen Fällen um Kosten.

BWL-Buch Kap. 8

9 Die Qualität sicherstellen

Situation:

Die Ulmer Büromöbel AG hat seit einigen Monaten erhebliche Probleme mit der Qualität der von ihr hergestellten Produkte. Der Vorstand hat daher die Bereichsleiter aufgefordert, die Ursachen für die Probleme zu untersuchen und Vorschläge zu entwickeln, wie die Qualität der Produkte verbessert werden kann. Die Vorstände, Herr Heim und Herr Abt, sitzen mit dem Bereichsleiter Qualitätssicherung, Herr Scharpf, zusammen, um die weitere Vorgehensweise zu besprechen.

Herr Heim: Meine Herren, der gute Ruf unseres Unternehmens, den wir uns hart erarbeitet haben, steht auf dem Spiel. Wir müssen endlich handeln.

Herr Scharpf: Ganz meine Meinung. Die Kundenreklamationen wegen der unzureichenden Qualität unserer Produkte sind in den letzten Monaten dramatisch gestiegen. Hier möchte ich einmal beispielhaft das Produktfeld „Bürostühle" herausgreifen. Immer wieder hören wir Klagen über schlecht verarbeitete Nähte. Auch die Mechanik bei der Sitzhöhenverstellung arbeitet nicht einwandfrei.

Herr Abt: Damit nicht genug. Schon bei der Produktion haben wir enorme Probleme. Die Ausschussquote ist im Vergleich zum Vorjahr deutlich höher.

Herr Heim: Das geht so nicht weiter. Wir müssen endlich gegensteuern.

Arbeitsaufträge:

1. Notieren Sie die beiden in der Einstiegssituation genannten Problemfelder.

Problemfeld 1	
Problemfeld 2	

2. Nennen Sie Ursachen für die beschriebenen Qualitätsprobleme.

Ursachen für Qualitätsprobleme		

3. Heutzutage werden viele Maßnahmen ergriffen, um Qualität sicherzustellen. Informieren Sie sich mithilfe von Material 1 bis Material 4 über die verschiedenen Aspekte des Total Quality Managements (TQM) und halten Sie die wesentlichen Merkmale in der vorliegenden Struktur fest (Material 5).

9 Die Qualität sicherstellen

4. Vervollständigen Sie folgenden Lückentext:

Das Qualitätsmanagement hat die Aufgabe, _____ zu vermeiden. Darüber hinaus soll im Rahmen eines _____ Verbesserungsprozesses ein beständig _____ Qualitätsniveau erreicht werden.

5. In der beschriebenen Situation sind es die Kunden, die die Ulmer Büromöbel AG dazu bewegen, Qualitätssicherungsmaßnahmen zu ergreifen. Nennen Sie weitere Gründe, die ein Unternehmen veranlassen könnte, mehr in Qualität zu investieren.

Gründe, in Qualitätsmaßnahmen zu investieren		

6. Beschreiben Sie die Auswirkungen für ein Unternehmen, wenn Produkte minderer Qualität ausgeliefert werden (Fehlerfolgekosten).

Fehlerfolgekosten	

7. Um Fehlerfolgekosten zu vermeiden, investieren die Unternehmen sowohl in Maßnahmen zur Fehlerverhütung als auch in aufwendige Prüfverfahren viel Geld. Sämtliche Kosten, die in Verbindung mit Qualität anfallen, werden als Qualitätskosten bezeichnet.

   7.1 Nennen Sie Beispiele für Fehlerverhütungs- und Prüfkosten.

Fehlerverhütungskosten	Prüfkosten

   7.2 Zwischen den Fehlerverhütungs- und Prüfkosten auf der einen und den Fehlerfolgekosten auf der anderen Seite besteht eine Wechselwirkung. Vervollständigen Sie in dem Zusammenhang folgenden Merksatz.

   Je höher die _____, desto geringer die _____!

7.3 Ermitteln Sie anhand des folgenden Zahlenmaterials aus der Abteilung Controlling die aus Kostensicht optimale Fehlerquote.

Fehlerquote in %	Fehlerfolgekosten in EUR	Fehlerverhütungs- und Prüfkosten in EUR	Gesamtkosten in EUR
0	0,00	220 000,00	
3	50 000,00	180 000,00	
6	80 000,00	120 000,00	
9	100 000,00	60 000,00	
12	140 000,00	40 000,00	

Ergebnis: _____

_____

_____

Material 1: Quality Circle

Lexikon der Wirtschaft

Quality-Circle

Ein Unternehmen, das nicht danach strebt, die Qualität seiner Produkte ständig zu verbessern, läuft in der heutigen Wettbewerbssituation jederzeit Gefahr, seine Marktstellung zu verlieren. Eine Möglichkeit, den Qualitätsstandard kontinuierlich zu verbessern (KVP = Kontinuierlicher Verbesserungsprozess) ist in dem Quality-Circle-Konzept zu sehen.

Ein Quality-Circle ist eine Gruppe von ca. 6–10 Mitarbeitern aus demselben Arbeitsbereich (z. B. Konstruktion, Einkauf, Montage etc.), die sich freiwillig und regelmäßig während der regulären Arbeitszeit treffen, um Probleme und Schwachstellen ihres Arbeitsbereichs unter der Anleitung eines Moderators aufzudecken. Im Anschluss daran erarbeiten die Teilnehmer gemeinsam oder in Kleingruppen Lösungsvorschläge zur Überwindung der Probleme und bewerten sie. Anschließend werden die Lösungsvorschläge (in Abstimmung mit dem Management) im betreffenden Arbeitsbereich umgesetzt.

Zum heutigen Zeitpunkt werden Quality-Circles überwiegend im Produktionsbereich eingesetzt, denkbar ist jedoch auch eine Anwendung im kaufmännischen Bereich. Der Einsatz von Quality-Circles führt nicht nur direkt, sondern auch indirekt zu einer höheren Qualität der Produkte. Dies ist damit zu begründen, dass sich die stärkere Beteiligung der Mitarbeiter an betrieblichen Entscheidungen i. d. R. positiv auf die Arbeitszufriedenheit und Arbeitsmotivation auswirken wird, was sozusagen auf indirektem Weg zu einer Verbesserung der Produktqualität beitragen kann.

Es sollte allerdings nicht verschwiegen werden, dass das Quality-Circle-Konzept recht hohe Anforderungen an die Qualifikation der Mitarbeiter stellt. Hierbei reichen fachliche Qualifikationen jedoch nicht aus. Die Teilnehmer müssen beispielsweise in der Lage sein, gemeinsam in Gruppen zu arbeiten, Vorschläge einzelner Teilnehmer oder Kleingruppen kontrovers, aber sachlich zu diskutieren oder auch Arbeitsergebnisse übersichtlich und ansprechend zu präsentieren. Aus diesem Grund bieten viele Unternehmen entsprechende Weiterbildungsangebote an.

9 Die Qualität sicherstellen

Material 2: CAQ

Lexikon der Wirtschaft

CAQ (Computer Aided Quality Assurance)

Während in früheren Zeiten die Qualitätskontrolle am Ende des Fertigungsprozesses im Vordergrund stand, bemüht man sich in der heutigen Zeit verstärkt darum, erst gar keine fehlerhaften Produkte zu produzieren.

Ein Schritt in die richtige Richtung ist die „Automatisierte Qualitätssicherung" (Computer Aided Quality Assurance – CAQ). Hierbei wird z. B. eine CNC-Bohrmaschine und das auf dieser Maschine zu bearbeitende Werkstück durch automatische Mess- und Prüfsysteme ständig überwacht. Diese Mess- und Prüfsysteme können beispielsweise frühzeitig erkennen, ob der eingesetzte Bohrer Gefahr läuft, sich abzunutzen, oder sogar ein Bruch bevorsteht. Ist dies der Fall, sorgen die Mess- und Regelsysteme dafür, dass sich die Maschine automatisch abschaltet. Das bearbeitete Werkstück bleibt unbeschädigt. Der defekte Bohrer kann nun vom zuständigen Mitarbeiter ausgetauscht werden. Durch den Einsatz von CAQ-Systemen kann der Ausschuss enorm verringert werden.

Material 3: Qualität und Mitarbeiter

„Der Mitarbeiter – die entscheidende Größe für den Erfolg eines umfassenden Qualitätsmanagements"
Dr. Peter Krug, Professor der BWL, im Gespräch mit dem Rheinischen Boten

RB: In der heutigen Zeit sind die Unternehmen mehr und mehr gezwungen, qualitativ hochwertige Produkte anzubieten, um auf dem Markt langfristig bestehen zu können. Welche Maßnahmen sollen Unternehmen ergreifen, um die Qualität ihrer Produkte sicherzustellen?

Krug: Nun, mit der Durchführung von Qualitätsaudits, der Einrichtung von Quality-Circlen und der automatisierten Qualitätskontrolle sind wichtige Schritte getan. Allerdings ist zu bemängeln, dass bei diesen Konzepten die Mitarbeiter, die ja entscheidenden Einfluss auf die Qualität der Produkte haben, noch zu wenig berücksichtigt werden.

RB: Wie meinen Sie das? Schließlich ist es doch der Mitarbeiter, der z.B. im Rahmen des Quality-Circle-Konzepts die Verbesserungsvorschläge macht.

Krug: Richtig, aber engagiert mitarbeiten wird doch nur derjenige Mitarbeiter, der um die zunehmende Bedeutung der Qualität für sein Unternehmen und damit für seinen Arbeitsplatz weiß. Im Sinne eines umfassenden Qualitätsmanagements, auch Total Quality Management (TQM) genannt, muss daher neben den oben genannten Maßnahmen zunächst das Qualitätsbewusstsein der Mitarbeiter gefördert werden. Hierzu ist es nötig, für alle Mitarbeiter auf sämtlichen Hierarchiestufen Seminare zu veranstalten, in denen die Bedeutung des Erfolgsfaktors Qualität zur Erhaltung der Wettbewerbsfähigkeit und damit für den Fortbestand des Unternehmens verdeutlicht wird. Jedem Mitarbeiter muss klar werden, welche Bedeutung die Arbeit des Einzelnen für die Qualität des Endprodukts hat.

Dem Einkaufssachbearbeiter muss z.B. bewusst sein, welche gravierenden Auswirkungen die Auswahl eines unzuverlässigen Lieferanten haben kann. Darüber hinaus ist sicherlich die Qualifikation der Mitarbeiter von großer Wichtigkeit. Hier ist darauf zu achten, dass zum einen qualifizierte Mitarbeiter eingestellt werden und zum anderen die schon vorhandenen Mitarbeiter im Rahmen der Weiterbildung so geschult werden, dass sie den Anforderungen am Arbeitsplatz gerecht werden. Unqualifizierte Mitarbeiter machen zwangsläufig Fehler, die dann zu hohen Ausschusskosten oder aber zu fehlerhaften Produkten führen.

RB: Ist nicht auch die Motivation der Mitarbeiter ein entscheidender Faktor?

Krug: Sehr richtig. Ein weiterer wichtiger Aspekt ist sicherlich die Motivation der Mitarbeiter. Wie werden die Beiträge einzelner Mitarbeiter zur Qualitätssteigerung honoriert? Werden Qualitätsprämien gezahlt? Neben diesen finanziellen Anreizen trägt es sicherlich zur Motivation der Mitarbeiter bei, wenn den Mitarbeitern die Bedeutung ihrer eigenen Arbeit für die Qualität der Produkte bewusst wird und ihnen Gelegenheit gegeben wird, sich an den Überlegungen zur Qualitätssicherung zu beteiligen. Darüber hinaus ist ein gutes Betriebsklima sicherlich Grundvoraussetzung für die Leistungsbereitschaft der Mitarbeiter. Qualitätsbewusste, qualifizierte und motivierte Mitarbeiter können entscheidend dazu beitragen, die Qualität der Produkte zu verbessern.

RB: Herr Krug, wir danken Ihnen für das Gespräch.

Material 4: Zertifizierung (Qualitätsaudit)

Das Qualitätsaudit (Zertifizierung nach ISO 9000 – ein wichtiger Schritt zu mehr Qualität)

Unternehmensberatung

Die Qualität der angebotenen Produkte ist entscheidend, um langfristig am Markt bestehen zu können. Aus diesem Grund hat die Internationale Standardisierungs-Organisation (ISO) schon 1987 konkrete Schritte zur Einführung eines Qualitätsmanagementsystems (QM-System) erarbeitet und in einer Norm, der ISO 9000 festgehalten. Die ISO 9000 ist branchenübergreifend und wird mittlerweile in ganz Europa und in vielen anderen Ländern der Welt anerkannt. Die Norm ist auch unter dem Namen Qualitätsaudit bekannt (Audit = Überprüfung).

Das Ziel besteht darin, Fehler und Mängel nicht erst am Ende des Fertigungsprozesses bei der Endkontrolle festzustellen und zu beheben, sondern soweit wie möglich von vornherein zu vermeiden. Da die Ursachen für Qualitätsmängel nicht nur in der Fertigung zu suchen sind, sondern beispielsweise in hohem Maße auch auf Planungsfehler in der Konstruktion oder auf fehlerhafte Materialien der Zulieferer zurückzuführen sind, soll sich das Qualitätsmanagementsystem auf praktisch alle Abteilungen des Unternehmens erstrecken.

Das Unternehmen, das sich zertifizieren lassen möchte, muss ein QM-System entwickeln und dieses in einem QM-Handbuch niederlegen. Darin sollen entsprechend der Norm alle notwendigen Prozesse zur Erfüllung der Kundenwünsche festgelegt werden. U. a. werden folgende Aspekte behandelt:

- Welche Ziele in puncto Qualität haben wir?
- Wie ist das Qualitätsmanagementsystem aufgebaut?
- Wer ist für die Einhaltung der Vorgaben verantwortlich?
- Welche Maßnahmen werden in den einzelnen Abteilungen durchgeführt?
  - Konstruktion
  - Beschaffung
  - Fertigung
  - Vertrieb
  - After-Sales-Service
- Wie wird die Durchführung interner Qualitätsaudits organisiert?
- Welche Konsequenzen ergeben sich aus den Ergebnissen der internen Qualitätsaudits?

Beispiele: Im Bereich „Qualitätsmanagement in der Beschaffung" soll unter anderem beschrieben werden, wie die Beschaffung einwandfreier Materialien gewährleistet werden soll. Neben einer detaillierten Beschreibung des Beschaffungsvorgangs z. B. in Form einer Ereignisorientierten Prozesskette (EPK), kann z. B. festgelegt sein, dass bei der Vergabe von Aufträgen nur noch Lieferanten berücksichtigt werden, die einen Nachweis über die Einführung und Anwendung eines Qualitätsmanagementsystems gemäß ISO 9000 nachweisen können. Im Abschnitt „Qualitätsmanagement in der Fertigung" soll beispielsweise aufgeführt werden, mit welchen Prüfmitteln (Sichtkontrolle vs. Materialkontrolle) und in welchem Umfang (100 % Kontrolle vs. Stichprobenkontrolle) die Wareneingangs-, Zwischen- und Endkontrolle durchgeführt wird. Darüber hinaus wird festgelegt, welche Maßnahmen beim Auftreten fehlerhafter Werkstoffe bzw. Endprodukte einzuleiten sind.

Um den Qualitätsstandard des Unternehmens nach außen zu dokumentieren, kann sich ein Unternehmen die Erfüllung der ISO 9000 durch ein Zertifikat eines unabhängigen Prüfers (z. B. TÜV oder Dekra) bestätigen lassen. Diese Überprüfung wird auch Zertifizierung genannt.

Die Prüfer beurteilen zunächst das Qualitätsmanagementhandbuch und kontrollieren dann die konkrete Umsetzung an Ort und Stelle (sogenanntes externes Audit).

An dieser Stelle ist noch einmal zu betonen, dass nicht das konkrete Produkt hinsichtlich seiner Qualität, sondern das Qualitätsmanagementsystem überprüft wird. Sind alle Normen erfüllt, erhält das Unternehmen das Zertifikat. Es gilt für drei Jahre. In dieser Zeit werden jährlich Überwachungsaudits angesetzt, die vom Umfang deutlich unter den „Zertifizierungsaudits" liegen. Nach drei Jahren erfolgt ein Wiederholungsaudit, dessen Umfang sich nach den Abweichungen der vorangegangenen Audits richtet.

9 Die Qualität sicherstellen

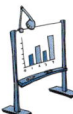

Material 5: Übersicht Total Quality Management

Quality Circle

Qualität und Mitarbeiter

Total Quality Management

Qualitätsaudit (Zertifizierung nach ISO 9000)

CAQ (Computer Aided Quality Assurance)

KOMPETENZBEREICH 2: PERSONALWIRTSCHAFT

BWL-Buch Kap. 1.2

1 Personalbedarf berechnen

Situation:

Anfang Dezember bittet Herr Huth, Leiter der Allgemeinen Dienste bei der Ulmer Büromöbel AG, seine Personalleiterin, Frau Kugler, zu sich, um die wirtschaftliche Situation des Unternehmens und deren Auswirkung auf den Personalbereich zu besprechen. Anwesend ist auch Herr Sutter, Abteilungsleiter der Produktion.

Herr Huth: Frau Kugler, Herr Sutter, ich habe gute Nachrichten. Laut der von uns in Auftrag gegebenen Absatzprognose werden wir unsere Absatzzahlen für das kommende Jahr deutlich steigern können. Zuwachsraten im zweistelligen Bereich scheinen im Bereich des Möglichen zu liegen.

Herr Sutter: Eine gute Nachricht. Kapazitäten sind in ausreichendem Maße vorhanden. Aber die Zahl der Mitarbeiter, die im Moment in der Fertigungsabteilung beschäftigt sind, wird nie und nimmer ausreichen. Hier bewegen wir uns schon seit einiger Zeit am untersten Limit.

Herr Huth: Da muss ich Ihnen zustimmen. Aus diesem Grund habe ich auch Frau Kugler hinzugebeten. Ihre Aufgabe wird darin bestehen, den benötigten Personalbedarf zu ermitteln.

Frau Kugler: Keine leichte Aufgabe. Schließlich gehen auch noch einige Mitarbeiter in Rente und andere kehren aus der Elternzeit zurück, um nur einige Beispiele zu nennen. Gibt es sonst noch irgendetwas, das ich wissen muss?

Herr Huth: In der Tat, Frau Kugler. Um die Wettbewerbsfähigkeit unseres Unternehmens zu erhöhen, hat die Geschäftsführung zwei weitere Maßnahmen beschlossen.

Herr Sutter: *zustimmendes Nicken*

Herr Huth: Zum einen wollen wir unsere Position in den neuen Bundesländern stärken, indem wir in Rostock und Dresden zwei Verkaufsbüros einrichten, von denen aus der ostdeutsche Markt bearbeitet werden soll. Die andere Maßnahme ist auf eine Verringerung der Lagerkosten ausgerichtet. Mit einer teilweisen Umstellung auf die Just-in-time-Anlieferung sollen nicht zuletzt auch Personalkosten eingespart werden.

Frau Kugler: Gut, meine Herren, ich mache mich sofort an die Arbeit.

Arbeitsaufträge:

1. Ermitteln Sie mithilfe von Material 1 den Personalbedarf der Ulmer Büromöbel AG für das kommende Jahr. Prüfen Sie für die einzelnen Abteilungen, ob Personal abgebaut oder neue Mitarbeiter eingestellt werden müssen. Verwenden Sie hierzu das zur Verfügung stehende Formular (Material 2).

2. Manche Unternehmen haben mit einer hohen Fluktuationsrate zu kämpfen. Fluktuation bedeutet, dass Mitarbeiter von sich aus kündigen, um bei einem anderen Unternehmen ein neues Beschäftigungsverhältnis zu beginnen. Häufig sind dies gerade die qualifizierten Mitarbeiter. Nennen Sie Ursachen, die zu einer solchen Situation führen können.

➤ _____

➤ _____

➤ _____

➤ _____

➤ _____

1 Personalbedarf berechnen

3. Nennen Sie konkrete Maßnahmen, die eine Geschäftsführung ergreifen kann, wenn ein schlechtes Arbeitsklima als Ursache für die unter Arbeitsauftrag 2 beschriebene Problematik ausgemacht wurde.

➤ _____
➤ _____
➤ _____
➤ _____
➤ _____

 **Material 1: Interne Mitteilung**

Interne Mitteilung — Ulmer Büromöbel AG

an: Frau Kugler (Personal)	**Abteilung:** Personal
von: Marc Spitz	**Datum:** 10.12.20..
	Zeichen: sp

Personalbewegungen im kommenden Geschäftsjahr

Herr Rinke und Herr Bange, beide langjährige Einkaufssachbearbeiter, werden Anfang des Jahres in den Ruhestand versetzt.

Herr Hausmann und Herr Manfeld, Mitarbeiter im Werkstofflager, möchten sich beruflich verändern und haben zum 1. Februar des kommenden Jahres gekündigt. Zudem gehen Herr Meier und Frau Nolte, ebenfalls Mitarbeiter des Werkstofflagers, zum 1. März in Rente.

Frau Dreeg, Mitarbeiterin im Verkauf, kehrt hingegen aus der Elternzeit zurück.

Frau Bresser, Mitarbeiterin in der Fertigung, hat zum 15. Januar des kommenden Jahres aus familiären Gründen gekündigt.

Frau Harder und Herr Schwarz, Sachbearbeiter im Verkauf, haben zum 15. Januar gekündigt. Die Stelle von Frau Harder kann mit Herrn Wolf, einem jungen Mitarbeiter, der zu Beginn des Jahres seine Ausbildung zum Industriekaufmann beenden wird, besetzt werden.

Herr Gerber, Mitarbeiter in der Fertigung, geht zum 1. April des kommenden Jahres in Rente.

Aufgrund der von der Marketingabteilung prognostizierten steigenden Absatzzahlen werden in der Fertigung sechs neue Mitarbeiter benötigt. Auf die übrigen Abteilungen haben die steigenden Absatzzahlen laut Aussagen der zuständigen Abteilungsleiter keine Auswirkungen.

Die Verkaufsbüros in Rostock und Dresden sollen mit je zwei Verkaufssachbearbeitern besetzt werden, die – wie in unserem Hause üblich – auch Außendiensttätigkeiten übernehmen sollen. Organisatorisch sind diese Mitarbeiter der Abteilung Verkauf zuzuordnen.

Durch die Einführung der Just-in-time-Anlieferung in der Abteilung Lager (Werkstoffe) können insgesamt vier Mitarbeiter eingespart werden.

Mit freundlichen Grüßen

Marc Spitz

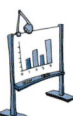 **Material 2: Personalbedarfsermittlung**

Personalbedarfsermittlung Fachpersonal 20..					
		Betroffene Abteilungen			
		Einkauf	Lager	Fertigung	Verkauf
Neubedarf					
Minderbedarf					
Zugänge	Elternzeit				
	Übernahme aus Ausbildung				
	Versetzung				
	Sonstiges				
Abgänge (Ersatzbedarf)	Elternzeit				
	Rente				
	Kündigung				
	Sonstiges				
Personalbedarf					

2 Personal beschaffen

Situation:

Eine Woche nachdem Frau Kugler ihre Mitarbeiter mit der quantitativen Personalbedarfsplanung beauftragt hat, liegen die Ergebnisse vor:

Gemäß Personalbedarfsplanung werden u. a. vier Verkaufssachbearbeiter mit Außendiensttätigkeit für die beiden Verkaufsbüros in Rostock und Dresden benötigt.

Darüber hinaus benötigt die Ulmer Büromöbel AG unerwartet einen neuen Einkaufsabteilungsleiter, da Herr Bruder aus Krankheitsgründen in Rente geht. Zudem steht Frau Sebert, Sekretärin von Herrn Huth, wegen eines Beinbruchs sechs Wochen nicht zur Verfügung. Für diese Zeit wird eine Aushilfskraft mit Sekretariatserfahrung benötigt. Zusätzlich plant man, zwei Auszubildende für den Ausbildungsberuf Industriekaufmann/-frau einzustellen.

Unverzüglich bittet Frau Kugler den Leiter der Allgemeinen Dienste, Herrn Huth, und den Abteilungsleiter der Produktion, Herrn Sutter, um einen Termin, um die Lage zu besprechen:

Herr Huth: Guten Morgen, Frau Kugler. Was kann ich für Sie tun?

Frau Kugler: Guten Morgen, Herr Huth. Ich wollte Ihnen kurz die Ergebnisse der Personalbedarfsplanung mitteilen. Insgesamt müssen wir ca. 14 neue Mitarbeiter einstellen.

Herr Sutter: Kommen wir denn ganz ohne Kündigungen aus? Ich denke da insbesondere an die Rationalisierungsmaßnahme im Bereich Lager.

Frau Kugler: Erfreulicherweise ja. In diesem Fall kommt uns unter anderem zugute, dass einige Lagermitarbeiter den verdienten Ruhestand antreten, sodass wir Kündigungen vermeiden können.

Herr Huth: Gut, Frau Kugler, dann versuchen Sie bitte, geeignete Mitarbeiter für uns zu finden.

Arbeitsaufträge:

1. Führen Sie vier Möglichkeiten der internen Personalbeschaffung an.

Interne Personalbeschaffung		
	1	
	2	
	3	
	4	

2. Erläutern Sie, welche Vor- und Nachteile Ihrer Auffassung nach mit einer internen Personalbeschaffung verbunden sind.

Interne Personalbeschaffung	
Vorteile	**Nachteile**

3. Da sich kein Mitarbeiter der Ulmer Büromöbel AG für die Position des Einkaufsabteilungsleiters aufdrängt und auch keine Mitarbeiter für die Stellen als Verkaufssachbearbeiter in den neuen Bundesländern infrage kommen, hat Frau Kugler entschieden, dass die Stellen nicht intern ausgeschrieben werden, sondern die benötigten Mitarbeiter extern beschafft werden sollen.

Verfassen Sie exemplarisch eine aussagekräftige Stellenanzeige,[1] mit deren Hilfe geeignete Bewerber für die Stellen der Verkaufssachbearbeiter mit Außendiensttätigkeiten (zum 01.04.20..) in Dresden gefunden werden können. Nutzen Sie hierzu die Vorlage (Material 1). Geeignete Beispiele für Stellenanzeigen finden Sie in regionalen oder überregionalen Tageszeitungen sowie in Jobbörsen im Internet.

4. Nennen Sie für jede einzelne der zu besetzenden Stellen zweckmäßige, d. h. erfolgversprechende externe Beschaffungswege.

Externe Personalbeschaffung			
Zu besetzende Stellen	**Alternative 1**	**Alternative 2**	**Alternative 3**
Verkaufssachbearbeiter mit Außendiensttätigkeit in den Verkaufsbüros			
Abteilungsleiter Einkauf			
Aushilfe Sekretariat			
Auszubildendende Industriekaufmann/-frau			

---

[1] Eine Stellenanzeige wird i. d. R. in einer Tageszeitung geschaltet. Die Inhalte der Stellenanzeige sind jedoch für alle externen Beschaffungswege (z. B. Job-Portale im Internet, Personalleasing) relevant.

2 Personal beschaffen

5. Erläutern Sie, welche Vor- und Nachteile Sie in Zusammenhang mit der externen Personalbeschaffung sehen.

Externe Personalbeschaffung	
Vorteile	**Nachteile**

6. Eine Möglichkeit, Personal auf externem Weg zu beschaffen, besteht darin, auf Personalleasing-Agenturen, auch Zeitarbeits- oder Leiharbeitsunternehmen genannt, zurückzugreifen. Informieren Sie sich im Internet über diesen Beschaffungsweg und gehen Sie auf Vor- und Nachteile sowohl für die Ulmer Büromöbel AG als auch für den Leiharbeitnehmer ein.

	Vorteile	**Nachteile**
Entleihunternehmen		
Leiharbeitnehmer		

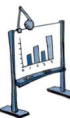

Material 1: Vorlage zum Verfassen einer Stellenanzeige

3 Personal auswählen I (Bewerbungsunterlagen sichten)

BWL-Buch
Kap. 1.4.3.1
+ Kap. 5

 **Situation:**

Nach reiflicher Überlegung hat sich Frau Kugler dazu entschieden, die benötigten Mitarbeiter vorwiegend über Stellenanzeigen in diversen regionalen und überregionalen Tageszeitungen zu beschaffen.

Eine Woche nach Schaltung der Anzeigen liegen Hunderte von Bewerbungen auf ihrem Schreibtisch. Es gilt, die „Spreu vom Weizen zu trennen". Ist dies geschehen, möchte man im Rahmen von Vorstellungsgesprächen herausfinden, welche Mitarbeiter eingestellt werden sollen.

 **Arbeitsaufträge:**

1. Im Hause der Ulmer Büromöbel AG sollen die benötigten Mitarbeiter anhand der Bewerbungsunterlagen sowie anschließend stattfindender Vorstellungsgespräche ausgewählt werden. Beschreiben Sie weitere Möglichkeiten, Personal auszuwählen.

   _____
   _____
   _____

2. Erstellen Sie mithilfe von Material 1 eine Übersicht zu den Inhalten von Bewerbungsunterlagen. Nutzen Sie hierzu auch den zur Verfügung stehenden Informationstext „Arbeitszeugnis" (Material 2).

3. Für die beiden Stellen Verkaufssachbearbeiter mit Außendiensttätigkeit in Dresden liegen mehrere Bewerbungen vor. Frau Kugler überträgt Ihnen die Aufgabe, sich mit vier dieser Bewerbungen auseinanderzusetzen.

   Sichten Sie die Bewerbungsunterlagen (Materialien 4 bis 7)
   - Anschreiben
   - Lebenslauf
   - Arbeitszeugnis

   der folgenden vier Bewerber
   - Herr Peter Franke
   - Herr Jan Dörner
   - Frau Petra Geyer
   - Herr Bernd Witt

   und unterbreiten Sie Frau Kugler einen begründeten Vorschlag, welche Bewerber Sie zu einem Vorstellungsgespräch einladen würden.

   Nutzen Sie hierzu das zur Verfügung stehende Auswertungsformular (Material 3).

Material 1: Struktur „Inhalte von Bewerbungsunterlagen"

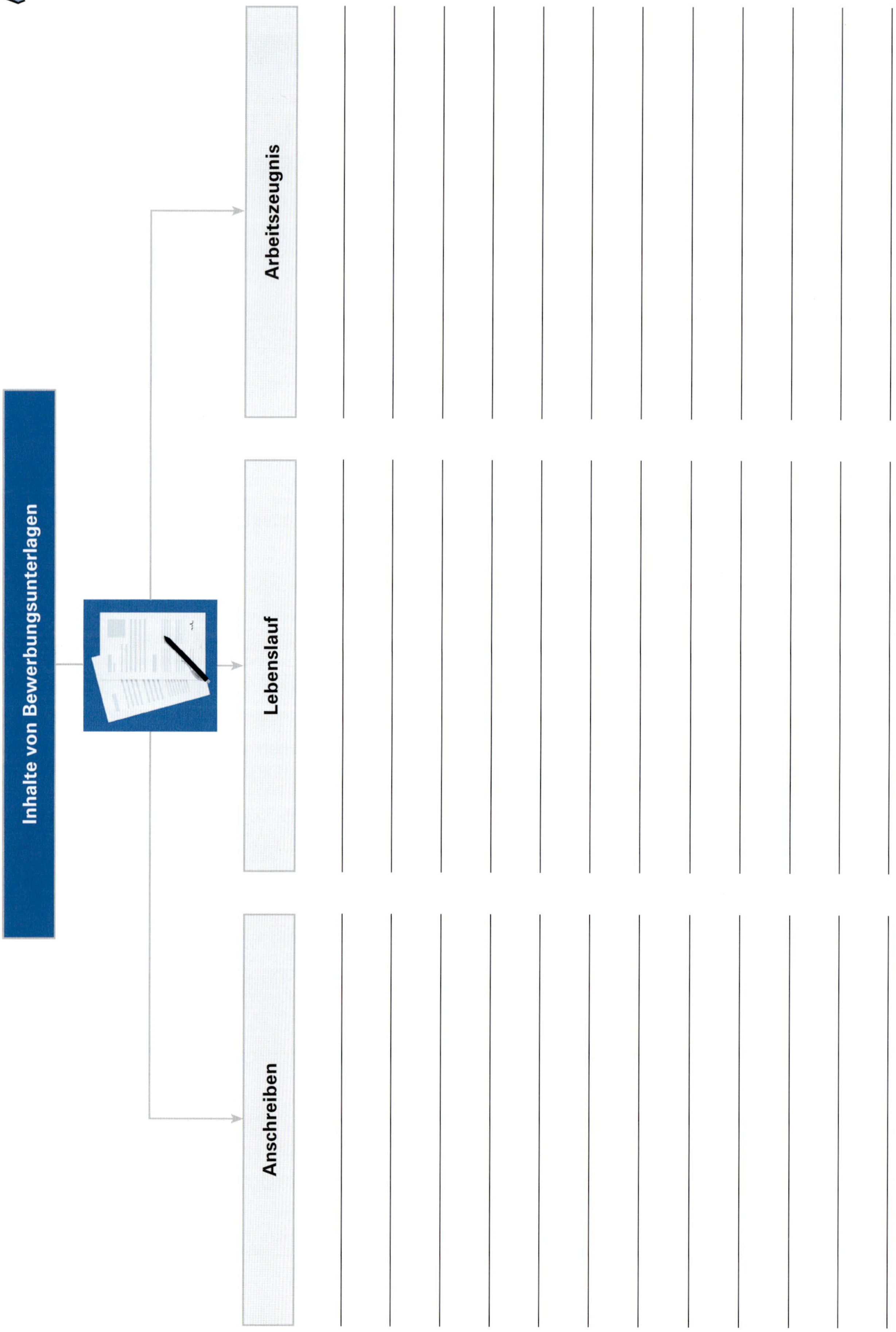

3 Personal auswählen I (Bewerbungsunterlagen sichten)

Material 2: Auszug aus dem 1 x 1 des Personalmanagements

1x1 des Personalmanagements

Arbeitszeugnis

Aussagekräftige Arbeitszeugnisse sind für einen erfolgreichen Arbeitsplatzwechsel von großer Bedeutung. Daher dürfen sie in den Bewerbungsunterlagen auf keinen Fall fehlen. Gemäß BGB § 630 hat jeder Arbeitnehmer nach Beendigung des Arbeitsverhältnisses das Recht auf ein Arbeitszeugnis. Hierbei kann der Arbeitnehmer zwischen dem einfachen und dem qualifizierten Arbeitszeugnis wählen.

Das einfache Zeugnis enthält Angaben zur Person, Art der Beschäftigung, Dauer des Beschäftigungsverhältnisses sowie Beendigungsgründe. Aussagen über Leistung und Führung des Mitarbeiters werden im Gegensatz zum qualifizierten Arbeitszeugnis nicht getroffen.

Das qualifizierte Arbeitszeugnis soll bescheinigen, in welcher Qualität der Arbeitnehmer die ihm gestellten Aufgaben bewältigt hat und wie sein Verhalten insgesamt aus Arbeitgebersicht beurteilt wird. Ein qualifiziertes Arbeitszeugnis ist üblicherweise folgendermaßen aufgebaut:

- Überschrift (z. B. Arbeitszeugnis)
- Einleitung (Angaben zu Person, Tätigkeit und Beschäftigungsdauer)
- Tätigkeitsbeschreibung (Tätigkeiten, Verantwortung, berufliche Entwicklung innerhalb des Unternehmens)
- Leistungsbereitschaft (z. B. Arbeitsbereitschaft, Arbeitsbefähigung, Arbeitsweise, Arbeitserfolg, zusammenfassende Zufriedenheitsbeurteilung)
- Verhaltensbeurteilung (gegenüber Vorgesetzten, Kollegen und Dritten, zusammenfassende Verhaltensbeurteilung)
- Abschluss (Gründe für die Beendigung des Arbeitsverhältnisses)
- Dankes-Bedauern-Formel (Dank für die geleistete Arbeit bzw. die Zusammenarbeit, Zukunftswünsche)

Der Arbeitgeber ist rechtlich gehalten, seinem Arbeitnehmer ein wohlwollendes Zeugnis auszustellen. Dies hat zur Folge, dass die verwendeten Formulierungen meist positiv klingen, sich aber eine Art Geheimcode entwickelt hat, der in chiffrierter Form signalisiert, was wirklich gut und was schlecht war. Der verwendete Geheimcode sorgt nicht selten für Verwirrung, denn nicht jeder Personalleiter oder Geschäftsführer kennt die entsprechenden Formulierungen. Es kommt i. d. R. auf die „kleinen", unscheinbaren Worte an. Hier einige Beispiele: Die Beschreibung von Zufriedenheit im Arbeitszeugnis ohne weitere Zusätze attestiert lediglich ausreichende Leistungen. Im Zusammenhang mit den Formulierungen „zur vollen Zufriedenheit" oder besser noch „zur vollsten Zufriedenheit", einer sprachlichen Steigerung, werden qualifiziertere Leistungen attestiert. Gute bzw. sehr gute Leistungen bedürfen der Zusätze „stets" oder „jederzeit". Heißt es „erledigte im Großen und Ganzen seine Aufgaben zu unserer Zufriedenheit" oder „wurde den vielseitigen Aufgaben im Wesentlichen gerecht" oder „wurde den Erwartungen im Wesentlichen gerecht", werden damit unzureichende Leistungen attestiert.

Material 3: Auswertungsformular „Bewerbungen"

	Anschreiben	Lebenslauf	Arbeitszeugnis	Vorstellungsgespräch?
Bewerber 1 Peter Franke				☐ ja ☐ nein
Bewerber 2 Jan Dörner				☐ ja ☐ nein
Bewerber 3 Petra Geyer				☐ ja ☐ nein
Bewerber 4 Bernd Witt				☐ ja ☐ nein

3 Personal auswählen I (Bewerbungsunterlagen sichten)

Material 4: Bewerber 1

Peter Franke

Naumannstr. 50
01309 Dresden
Tel.: 0351 / 8044189
E-Mail: p.franke@gmx.de

Ulmer Büromöbel AG
Personalabteilung
Frau Kugler
Industriepark 5
89073 Ulm

Dresden, 15. 01. 20..

**Ihre Anzeige in der Süddeutschen Zeitung vom 14.01.20..
Verkaufssachbearbeiter mit Außendiensttätigkeit**

Sehr geehrte Frau Kugler,

in der o. a. Anzeige beschreiben Sie einen Arbeitsbereich, der mich in höchstem Maße interessiert.

Die Erfahrungen aus meiner Berufspraxis decken sich mit Ihren fachlichen Anforderungen. Ebenso können Sie von mir gute Fähigkeiten im Umgang mit Mitarbeitern sowie Kunden erwarten. Diese Kompetenzen habe ich durch meine mehrjährige Tätigkeit als Verkäufer im Außendienst erworben.

Aufgrund meiner beruflichen Aktivitäten in unterschiedlichen Branchen bin ich kommunikationsstark, verantwortungsbewusst und habe große Freude an abwechslungsreichen Tätigkeiten. Umfangreiche kaufmännische Kenntnisse gehören ebenso zu meinem Profil wie umfangreiches Wissen über Verkaufsstrategien und Verkaufspsychologie.

Ich freue mich, Ihnen in einem weiteren, persönlichen Gespräch einen noch umfassenderen Eindruck von mir zu vermitteln, und verbleibe in Erwartung Ihres Terminvorschlages.

Mit freundlichen Grüßen

Peter Franke

Anlagen
Lebenslauf
Arbeitszeugnis

Fortsetzung:

Lebenslauf

zu meiner Person
Peter Franke
geboren am 08.02.1992 in Chemnitz
verheiratet/ein Kind

angestrebte Position
Verkaufssachbearbeiter
mit Außendiensttätigkeit

beruflicher Werdegang

11/2019 – heute	Fleischer Büromöbel OHG in Leipzig, Verkäufer im Außendienst
08/2013 – 10/2019	Tewes Büroartikel KG in Chemnitz, Verkaufssachbearbeiter

schulische und berufliche Ausbildung

08/2010 – 07/2013	Borgmann Chemie AG in Chemnitz, Ausbildung zum Industriekaufmann, Abschluss: Kaufmannsgehilfe
08/2001 – 07/2010	Franz-Borbig-Gymnasium Chemnitz, Abschluss: Allgemeine Hochschulreife

Weiterbildung

08/2020	WBS Training AG, Kaufvertrag und Kaufvertragsstörungen, VA-Akademie
06/2019	Überzeugend vor Kunden präsentieren, VA-Akademie
02/2018	Erfolgreich akquirieren
09/2017	KB Qualifizierungszentrum, Verkaufsgespräche führen

Sonstiges

Führerschein	Klasse B (Pkw)
Sprachen	Englisch in Wort und Schrift
EDV	SAP-Auftragsbearbeitung, Windows, MS PowerPoint, MS Word und MS EXCEL
Interessen	Laufsport, Krafttraining und Mountainbike

Dresden, 15.01.20..

Peter Franke

Fortsetzung:

Anmerkung zu Bewerber 1:

_____
_____
_____
_____
_____
_____
_____
_____
_____
_____

Fortsetzung:

TEWES
Büroartikel KG • Chemnitz

Zeugnis

Herr Peter Franke, geb. am 08.02.1992 in Chemnitz, trat am 01.08.2013 als Verkaufssachbearbeiter in unser Unternehmen ein.

Aufgrund seiner guten Auffassungsgabe konnte die Einarbeitung in seinen Aufgabenbereich als Verkaufssachbearbeiter schnell und problemlos erfolgen. Schon sehr bald arbeitete er vollkommen selbstständig.

Zu den wesentlichen Tätigkeiten in seinem Arbeitsbereich gehörten der telefonische Verkauf und die Kontaktpflege zu unserer Kundschaft, die selbstständige Bearbeitung der eingehenden Interessentenanfragen, das Erstellen von Angeboten, die Auftragsannahme und -bearbeitung.

Herr Franke verfügt über gute Fachkenntnisse, die er in seiner täglich anfallenden Arbeit sicher und effizient einsetzt. Stets erledigte er alle ihm übertragenen Aufgaben zu unserer vollsten Zufriedenheit.

Besonders zu betonen ist seine hohe Einsatzbereitschaft sowie seine Loyalität gegenüber unserem Unternehmen. Durch seine freundliche, kooperative Wesensart war er bei seinen Vorgesetzten und Kollegen stets gleichermaßen beliebt, wie auch geschätzt. Auch gegenüber unseren Kunden war sein Verhalten jederzeit vorbildlich.

Herr Franke ist zum 31.10.2019 auf eigenen Wunsch aus unserem Unternehmen ausgeschieden, um sich einer neuen Herausforderung zu stellen. Wir respektieren seine Entscheidung, danken für die geleistete Arbeit und wünschen ihm für seine berufliche wie auch private Zukunft alles Gute und viel Erfolg.

Chemnitz, 31.10.2019

Tewes Büroartikel KG

Paul Meier

Paul Meier
Personalleiter

Kai Müller

Kai Müller
Abteilungsleiter

3 Personal auswählen I (Bewerbungsunterlagen sichten)

Material 5: Bewerber 2

Jan Dörner
Bleibtreustraße 80
10623 Berlin
E-Mail: jan.doerner@gmx.de

Ulmer Büromöbel AG
Personalabteilung
Industriepark 5
89073 Ulm

Berlin, 15.01.20..

Ihre Stellenanzeige

Sehr geehrte Damen und Herren,

hiermit möchte ich mich auf Ihre Stellenanzeige bewerben, da mich die ausgeschriebene Position sehr reizt und ich nach Dresden übersiedeln möchte, da meine Frau beruflich dorthin versetzt wurde.

Seit Jahren bin ich in ungekündigter Stellung als Verkaufssachbearbeiter bei einem Büromöbelunternehmen in Magdeburg tätig. Die Tätigkeit schließt sowohl Kundenakquise als auch Kundenbetreuung vor Ort ein. Auch die anderen von Ihnen genannten Anforderungen decke ich durch meine bisherige Berufserfahrung ab.

Besonders gefällt mir die Möglichkeit beruflich zu verreisen, da ich mich auch privat sehr fürs Reisen interessiere. Auch die Möglichkeit an Trainingsmaßnahmen teilzunehmen würde mir sehr gefallen, da man sich meiner Meinung nach ein Leben lang fortbilden sollte.

Wir sollten also miteinander ins Gespräch kommen. Dann kann ich Ihnen gerne weitere Informationen über meine Person geben. Ich stehe Ihnen für einen Vorstellungstermin jederzeit zur Verfügung.

Mit freundlichen Grüßen

Jan Dörner

Anlagen
Lebenslauf
Arbeitszeugnis

Fortsetzung:

Lebenslauf

Persönliche Daten

Name:	Jan Dörner
	Bleibtreustraße 80
	10623 Berlin
	E-Mail: jan.doerner@gmx.de
Geburtsdatum:	10.03.1985
Familienstand:	verheiratet, 1 Kind

Schulbildung

08/1995 – 07/2001	Kolping Realschule Berlin
	Abschluss: Fachoberschulreife
08/2001 – 07/2003	Höhere Handelsschule Berlin
	Abschluss: Fachhochschulreife (schulischer Teil)
08/2003 – 07/2006	Krause KG in Berlin
	Ausbildung zum Bürokaufmann
	Abschluss: Kaufmannsgehilfe

Beruflicher Werdegang

08/2006 – 04/2019	Velbinger Mineralstoffe GmbH in Berlin
	Sachbearbeiter Verkauf
06/2020 – heute	Langhans Büromöbel in Magdeburg
	Sachbearbeiter Verkauf

Weiterbildung

09/2015 – 12/2015	Personal-Training Frentzen KG
	Grundkurse in Windows 2010, MS Word und MS Excel
09/2016	Nowak Trainingszentrum OHG
	Verkäufertraining

Sonstiges

Sprachen	Englisch
EDV	SAP-Auftragsbearbeitung, Windows, MS Word und MS Excel
Führerschein	Klasse C (LKW)
Interessen	Sport, Lesen

Berlin, 15.01.20..

Jan Dörner

Fortsetzung:

Anmerkung zu Bewerber 2:

Fortsetzung:

Velbinger Mineralstoffe GmbH - Berlin

Zeugnis

Herr Jan Dörner, geb. am 10.03.1985 in Berlin, war vom 01.08.2006 bis zum 30.04.2019 in unserer Abteilung Verkauf als Verkaufssachbearbeiter tätig. Zu seinen Aufgaben gehörte sowohl die Auftragsanbahnung als auch die Auftragsbearbeitung.

Herr Dörner war ein motivierter Mitarbeiter, der die ihm gesetzten Ziele verfolgte. Er besitzt ein solides Grundwissen in den von ihm bearbeiteten Aufgabengebieten. Herr Dörner erledigte seine Aufgaben termingerecht, korrekt und zufriedenstellend. Die Arbeitsqualität entsprach im Allgemeinen den Anforderungen/Erwartungen, wobei er stets mit Nachdruck daran arbeitete, die vorgegebenen Ziele zu erreichen.

Herr Dörner war lernmotiviert und hat sich neben seinem Beruf weitergebildet.

Die Leistungen von Herrn Dörner entsprachen unseren Erwartungen.

Sein Verhalten gegenüber Kollegen, Vorgesetzten und Kunden war gut. Wir lernten Herrn Dörner als einen meinungs- und diskussionsfreudigen Mitarbeiter kennen, der Kritik üben, aber meist auch akzeptieren konnte.

Berlin, 30.04.2019

Velbinger Mineralstoffe GmbH

K. Gerber
Personalleiter

O. Manfeld
Abteilungsleiter

3 Personal auswählen I (Bewerbungsunterlagen sichten)

Fortsetzung:

Lebenslauf

Persönliche Daten
Petra Geyer
geb. am 08.02.1989 in Berlin
ledig/keine Kinder

Angestrebte Position
Verkaufssachbearbeiterin mit Außendiensttätigkeit

Beruflicher Hintergrund
01/2018 – heute Gerlinger Präsentationstechnik OHG in Berlin
 Verkäuferin im Außendienst
08/2011 – 01/2018 Heinemann Büroartikel KG in Dresden
 Verkäuferin im Außendienst

Schul- und Berufsausbildung
08/2008 – 07/2011 Gerlinger Präsentationstechnik AG
 Ausbildung zur Bürokauffrau
 Abschluss: Bürokauffrau
08/1999 – 07/2008 Gymnasium Konrad Adenauer Berlin
 Abschluss: Allgemeine Hochschulreife

Weiterbildung
03/2021 Instatik OHG – Systematische Neukundengewinnung
06/2019 Instatik OHG – Das erfolgreiche Verkaufsgespräch
04/2018 Instatik OHG – Die erfolgreiche Preisverhandlung
01/2017 Weiterbildungsinstitut Daum KG – Mit Reklamationen umgehen

Sonstiges
Führerschein Klasse B (Pkw)
Sprachen Englisch, Französisch
EDV Windows, MS Word, MS EXCEL, MS PowerPoint, SAP-Auftragsbearbeitung

Interessen Digitale Spiegelreflex-Fotografie, Laufsport

Chemnitz, 15.01.20..
Petra Geyer

Material 6: Bewerber 3

Petra Geyer ▶ Limbacher Straße 120 ▶ 09116 Chemnitz ▶ Tel.: 0371/53 67 88 ▶ E-Mail: petra.geyer@web.de

Ulmer Büromöbel AG
Personalabteilung
Frau Kugler
Industriepark 5
89073 Ulm

Chemnitz, 15.01.20..

Meine Bewerbung als Ihre Verkaufssachbearbeiterin mit Außendiensttätigkeit
Ihre Anzeige in der Süddeutschen Zeitung vom 14.01.20..

Sehr geehrte Frau Kugler,

mit großem Interesse habe ich Ihre Anzeige gelesen und möchte mich Ihnen als motivierte Mitarbeiterin vorstellen. Sie beschreiben in Ihrer Anzeige eine Herausforderung, die mich sehr interessiert.

Seit Jahren bin ich als Verkäuferin im Außendienst in einem großen Unternehmen der Büroartikelbranche tätig. Dabei konnte ich Verhandlungsgeschick und Überzeugungskraft unter Beweis stellen. Hohe Flexibilität und Einsatzbereitschaft runden mein Profil ab.

Es würde mich freuen, wenn Sie mich nach Prüfung meiner Bewerbungsunterlagen zu einem Vorstellungsgespräch einladen.

Mit freundlichen Grüßen

Petra Geyer

Anlagen
Lebenslauf
Arbeitszeugnis

Fortsetzung:

Anmerkung zu Bewerber 3:

_____

_____

_____

_____

_____

_____

_____

_____

_____

Bankverbindungen:
Commerzbank Ulm
IBAN: DE85 6304 0046 0041 4400 18 BIC: COBADEFFXXX
Sparkasse Ulm
IBAN: DE61 6305 0000 0041 4500 75 BIC: SOLADES1ULM

Ulmer Büromöbel AG
Industriepark 5, 89073 Ulm
Registergericht Ulm HRB 84759
USt-ID Nr. DE 68 837 465
Vorstand: Robert Heim (Vorsitzender), Achim Abt, Kathrin Sapel
Vorsitzende des Aufsichtsrats: Sarah Kern

Fortsetzung:

DRESDEN

Arbeitszeugnis

Frau Petra Geyer, geb. am 08.02.1989 in Berlin, war vom 01.08.2011 bis zum 31.01.2018 als Verkäuferin in unserem Unternehmen tätig.

Frau Geyer war für unser Verkaufsgebiet Süd-Ost eigenverantwortlich zuständig. Dabei hat sie mit hohem Einsatz die Betreuung unserer Stammkunden gepflegt und sich besonders bei der Akquisition von Neukunden profiliert. Es ist ihr mehrfach gelungen, uns bei Großunternehmen als Hauptlieferant zu etablieren.

Wegen ihrer fachlich ausgezeichneten Kenntnisse, verbunden mit einer positiven Einstellung zu unserem Unternehmen, schätzen wir Frau Geyer als wertvolle Mitarbeiterin. Sie war stets engagiert und aufgeschlossen und führte ihre Tätigkeiten immer mit vollem Einsatz erfolgreich aus. Ihre Arbeitsqualität war jederzeit weit überdurchschnittlich. Durch mehrere Weiterbildungen hat sie die Zahl unserer Kunden beträchtlich erhöhen können.

Frau Geyer erfüllte ihre Aufgaben stets zu unserer vollsten Zufriedenheit.

Aufgrund ihrer kooperativen Haltung war Frau Geyer immer bei Vorgesetzten und Kollegen anerkannt und beliebt. Ihr Auftreten gegenüber Kunden war jederzeit makellos und sie war als kompetente und freundliche Gesprächspartnerin anerkannt.

Frau Geyer verlässt unser Unternehmen auf eigenen Wunsch. Wir bedauern dies sehr und wünschen ihr beruflich und persönlich alles Gute und weiterhin viel Erfolg.

Dresden, 31.01.2018

Heinemann Büroartikel KG

R. Schmidt   *A. Bauer*

R. Schmidt   A. Bauer
Personalleiter   Abteilungsleiter

3 Personal auswählen I (Bewerbungsunterlagen sichten)

Material 7: Bewerber 4

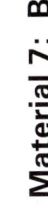

Bernd Witt • Lennestr. 89 • 201069 Dresden • Tel.: 0351 / 8044189 • E-Mail: bernd.witt@t-online.de

Ulmer Büromöbel AG
Personalabteilung
Industriepark 5
89073 Ulm

Ihre Anzeige im Dresdener Boten vom 14.01.20..

Sehr geehrte Damen und Herren,

hiermit beziehe ich mich auf die o. g. Stellenanzeige und übersende Ihnen meine Bewerbungsunterlagen. Ich glaube, dass ich Ihr Unternehmen mit meiner Person bereichern werde, und möchte gerne für Sie arbeiten.

Ich denke an eine Position mit beruflicher Verantwortung, in der ich meine Kenntnisse voll nutzen und weitere Erfahrungen sammeln kann.

Ich bin ausgebildeter Industriekaufmann und habe mich im Verkaufsbereich weitergebildet. Langjährige Erfahrungen in selbstständiger Sachbearbeitung in der Möbelbranche ergänzen mein Profil. Sollten meine Kenntnisse in dem einen oder anderen Bereich nicht ausreichend sein, bin ich auch gern bereit, mich jederzeit weiterzubilden.

Ich würde mich freuen, wenn ich mit dieser Bewerbung Ihr Interesse geweckt habe und Sie mich zu einem persönlichen Gespräch einladen würden.

Mit freundlichen Grüßen

Bernd Witt

Anlagen
Lebenslauf
Arbeitszeugnis

Fortsetzung:

Lebenslauf

Bernd Witt
geboren am 08. 02. 1984 in Berlin
Lennestr. 89
01069 Dresden
Tel.: 0351 / 8044189
E-Mail: bernd.witt@t-online.de
verheiratet/ein Kind

Schulbildung

08/2000 – 07/2002	Höhere Handelsschule Berlin Abschluss: Fachhochschulreife
08/2002 – 07/2005	Meininger OHG in Berlin Ausbildung zum Industriekaufmann Abschluss: Kaufmannsgehilfe

Beruflicher Werdegang

08/2005 – 07/2013	Meininger OHG Berlin Sachbearbeiter Verkauf
08/2013 – 09/2020	Frohwein Bürosysteme KG Berlin Verkäufer im Außendienst
11/2021 – heute	Westermann AG Magdeburg Verkäufer im Außendienst

Weiterbildung

08/2016 – 10/2016	Broich GmbH Rhetorik
07/ 2020	Kompetenzzentrum Keller KG Erfolg im Verkauf

Sonstiges

Sprachen	Französisch, Spanisch
EDV	MS Office, SAP-Modul: Auftragsbearbeitung
Interessen	Reisen

Dresden, 15. 01. 20..

Bernd Witt

Fortsetzung:

Anmerkung zu Bewerber 4:

_____
_____
_____
_____
_____
_____
_____
_____
_____
_____
_____
_____

Fortsetzung:

FROHWEIN Bürosysteme KG
Berlin

Arbeitszeugnis

Herr Bernd Witt, geboren am 08.02.1984 in Berlin, wurde am 01.08.2013 als Verkäufer im Außendienst in unserem Unternehmen eingestellt.

Nach Einarbeitung übernahm Herr Witt das Verkaufsgebiet Dresden/Leipzig zur umsatzverantwortlichen Bearbeitung.

Sein Aufgabengebiet umfasste sowohl die Akquisition von Neukunden als auch die Betreuung des bestehenden Kundenstamms. Hierbei war er auch mit der Abwicklung von Reklamationen betraut. Herr Witt erfüllte seine Aufgaben erwartungsentsprechend. Hierbei wurde er den fachlichen Anforderungen gerecht. Er zeigte keinerlei Unsicherheiten bei der Ausführung seiner Arbeitsaufgaben. Seine Arbeitsqualität war im Großen und Ganzen zufriedenstellend. Er war stets daran interessiert, seine ausbaufähigen Fachkenntnisse in den Dienst des Unternehmens zu stellen. Er hat die ihm übertragenen Arbeiten zu unserer Zufriedenheit erledigt.

Seine Zusammenarbeit mit Vorgesetzten und Kollegen war gut. Auch seine Zusammenarbeit mit Kunden war jederzeit ohne Beanstandung.

Herr Witt verlässt unser Unternehmen am heutigen Tag, um sich beruflich zu verändern. Für die von ihm erbrachten Leistungen bedanken wir uns. Wir wünschen Herrn Witt viel Glück.

Dresden, 30.09.2020

Frohwein Bürosysteme KG

G. Ziegler   *S. Opalla*

G. Ziegler   S. Opalla
Personalleiter   Abteilungsleiter

4 Personal auswählen II (Vorstellungsgespräche durchführen)

Situation:

Frau Kugler, Personalleiterin der Ulmer Büromöbel AG, stimmt dem Vorschlag ihrer Mitarbeiter zu, zwei der vier Bewerber für die beiden Stellen Verkaufssachbearbeiter mit Außendiensttätigkeit in Dresden zu einem Vorstellungsgespräch nach Ulm einzuladen. In diesem Zusammenhang telefoniert sie mit Frau Sigg, der Leiterin des Verkaufs.

Frau Kugler: Guten Morgen, Frau Sigg. Es geht um die Stellen im neuen Verkaufsbüro in Dresden. Zwei Bewerber machen einen sehr guten Eindruck. Wir haben daher beschlossen, die beiden Kandidaten zu einem Vorstellungsgespräch einzuladen. An diesen Gespräch sollten Sie, als zukünftige Vorgesetzte, natürlich auch teilnehmen. Wäre Ihnen Montag, der 25. Februar gegen 15:00 Uhr recht?

Frau Sigg: Das sind gute Nachrichten, Frau Kugler. In den neuen Bundesländern sind wir bislang wahrlich nicht gut vertreten. Und was den Termin angeht, der passt mir sehr gut.

Frau Kugler: Schön, Frau Sigg, dann werde ich alles Nötige in die Wege leiten.

Arbeitsaufträge:

1. Erläutern Sie ausführlich, was Frau Kugler im Vorfeld erledigen muss, damit am 25.02.20.. um 15:00 Uhr die Vorstellungsgespräche durchgeführt werden können.

2. Bilden Sie sechs Arbeitsgruppen und setzen Sie sich als Gruppe mit der Rolle eines Gesprächsteilnehmers auseinander (Materialien 1 bis 4).

Vorstellungsgespräch 1		
Ulmer Büromöbel AG Frau Kugler	Ulmer Büromöbel AG Frau Sigg	Bewerber 1 Herr Franke
Gruppe 1	**Gruppe 2**	**Gruppe 3**

danach

Vorstellungsgespräch 2		
Ulmer Büromöbel AG Frau Kugler	Ulmer Büromöbel AG Frau Sigg	Bewerber 2 Frau Geyer
Gruppe 4	**Gruppe 5**	**Gruppe 6**

Arbeitshinweise Gruppe 1, 2, 4 und 5 (Vertreter/-in der Ulmer Büromöbel AG)

Bereiten Sie sich auf das Vorstellungsgespräch vor, indem Sie insbesondere folgende Aspekte berücksichtigen:

- Planen Sie den Ablauf des Vorstellungsgesprächs (Schritt 1, Schritt 2 etc.).
  Kleiner Tipp: In der Regel fällt man nicht mit der Tür ins Haus!
- Überlegen Sie sich Fragen, die Sie dem Bewerber/-in stellen wollen.
- Denken Sie auch darüber nach, welche Fragen Ihnen gestellt werden könnten.
- Wählen Sie einen Gruppensprecher, der das Vorstellungsgespräch bestreitet.
- Die übrigen Gruppenmitglieder haben die Aufgabe, die beiden Vorstellungsgespräche mithilfe der zur Verfügung stehenden Auswertungsbogen aufmerksam zu beobachten (Material 5).

Arbeitshinweise Gruppe 3 und 6 (Bewerber/-in)

Bereiten Sie sich auf das Vorstellungsgespräch vor, indem Sie insbesondere folgende Aspekte berücksichtigen:

- Überlegen Sie sich Fragen, die Ihnen seitens der Vertreter/-in der Ulmer Büromöbel AG gestellt werden könnten.
- Denken Sie auch darüber nach, welche Fragen Sie stellen möchten.
- Wählen Sie einen Gruppensprecher, der das Vorstellungsgespräch bestreitet.
- Die übrigen Gruppenmitglieder haben die Aufgabe, die beiden Vorstellungsgespräche mithilfe der zur Verfügung stehenden Auswertungsbogen aufmerksam zu beobachten (Material 5).

4 Personal auswählen II (Vorstellungsgespräche durchführen)

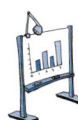

Material 1: Rollenkarte – Vertreterin der Ulmer Büromöbel AG

Rollenkarte Gruppe 1 und 4

Name: Frau Kugler
Personalleiterin der Ulmer Büromöbel AG

Information 1:
- Frau Kugler sieht eine ihrer wesentlichen Aufgaben darin, die Ulmer Büromöbel AG mit qualifizierten Mitarbeitern zu versorgen. Die neuen Mitarbeiter müssen zum Unternehmen passen (bei der Ulmer Büromöbel AG wird ein kooperativer Führungsstil gepflegt; das Betriebsklima hat bei der Geschäftsführung einen hohen Stellenwert).

Information 2 (Bewerber Peter Franke):
- Beruflicher Werdegang

11/2019 – heute	Fleischer Büromöbel OHG in Leipzig Verkäufer im Außendienst
08/2013 – 10/2019	Tewes Büroartikel KG in Chemnitz Verkaufssachbearbeiter

- Weiterbildung

08/2020	WBS Training AG „Kaufvertrag & Kaufvertragsstörungen"
06/2019	VA-Akademie „Überzeugend vor Kunden präsentieren"
02/2018	VA-Akademie „Erfolgreich akquirieren"
09/2017	KB Qualifizierungszentrum „Verkaufsgespräche führen"

- Sonstiges

  Englisch in Wort und Schrift, SAP-Auftragsbearbeitung, Windows, MS PowerPoint, MS Word und MS EXCEL, Laufsport, Krafttraining und Mountainbike

Information 3 (Bewerberin Petra Geyer):
- Beruflicher Werdegang

01/2018 – heute	Gerlinger Präsentationstechnik OHG in Berlin Verkäuferin im Außendienst
08/2011 – 01/2018	Heinemann Büroartikel KG in Dresden Verkäuferin im Außendienst

- Weiterbildung

03/2021	Instatik OHG „Systematische Neukundengewinnung"
06/2019	Instatik OHG „Das erfolgreiche Verkaufsgespräch"
04/2018	Instatik OHG „Die erfolgreiche Preisverhandlung"
01/2017	Weiterbildungsinstitut Daum KG „Mit Reklamationen umgehen"

- Sonstiges

  Englisch, Französisch, Windows, MS Word, MS EXCEL, MS PowerPoint, SAP-Auftragsbearbeitung, Digitale Spiegelreflex-Fotografie und Laufsport

---

Stichworte für die Argumentation

_____
_____
_____
_____
_____
_____
_____

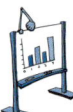

Material 2: Rollenkarte – Vertreterin der Ulmer Büromöbel AG

Rollenkarte Gruppe 2 und 5

Name: Frau Sigg
Leiterin der Abteilung Verkauf bei der Ulmer Büromöbel AG

Information 1:

➤ Frau Sigg legt großen Wert auf qualifizierte Mitarbeiter, da diese letztlich das Ansehen ihrer Abteilung im Hause Ulmer Büromöbel AG erhöhen. Die neuen Mitarbeiter sollen selbstständig den ostdeutschen Markt bearbeiten und mit hohem Engagement ihre Tätigkeit ausüben.

Information 2 (Bewerber Peter Franke):

➤ Beruflicher Werdegang

11/2019 – heute	Fleischer Büromöbel OHG in Leipzig Verkäufer im Außendienst
08/2013 – 10/2019	Tewes Büroartikel KG in Chemnitz Verkaufssachbearbeiter

➤ Weiterbildung

08/2020	WBS Training AG „Kaufvertrag & Kaufvertragsstörungen"
06/2019	VA-Akademie „Überzeugend vor Kunden präsentieren"
02/2018	VA-Akademie „Erfolgreich akquirieren"
09/2017	KB Qualifizierungszentrum „Verkaufsgespräche führen"

➤ Sonstiges

Englisch in Wort und Schrift, SAP-Auftragsbearbeitung, Windows, MS PowerPoint, MS Word und MS EXCEL, Laufsport, Krafttraining und Mountainbike

Information 3 (Bewerberin Petra Geyer):

➤ Beruflicher Werdegang

01/2018 – heute	Gerlinger Präsentationstechnik OHG in Berlin Verkäuferin im Außendienst
08/2011 – 01/2018	Heinemann Büroartikel KG in Dresden Verkäuferin im Außendienst

➤ Weiterbildung

03/2021	Instatik OHG „Systematische Neukundengewinnung"
06/2019	Instatik OHG „Das erfolgreiche Verkaufsgespräch"
04/2018	Instatik OHG „Die erfolgreiche Preisverhandlung"
01/2017	Weiterbildungsinstitut Daum KG „Mit Reklamationen umgehen"

➤ Sonstiges

Englisch, Französisch, Windows, MS Word, MS EXCEL, MS PowerPoint, SAP-Auftragsbearbeitung, Digitale Spiegelreflex-Fotografie und Laufsport

Stichworte für die Argumentation

_____
_____
_____
_____
_____
_____
_____

4 Personal auswählen II (Vorstellungsgespräche durchführen)

 **Material 3: Rollenkarte – Bewerber 1**

Rollenkarte Gruppe 3
Name: Peter Franke
Bewerber 1

Informationen:

▶ Beruflicher Werdegang

11/2019 – heute	Fleischer Büromöbel OHG in Leipzig Verkäufer im Außendienst
08/2013 – 10/2019	Tewes Büroartikel KG in Chemnitz Verkaufssachbearbeiter

▶ Weiterbildung

08/2020	WBS Training AG „Kaufvertrag & Kaufvertragsstörungen"
06/2019	VA-Akademie „Überzeugend vor Kunden präsentieren"
02/2018	VA-Akademie „Erfolgreich akquirieren"
09/2017	KB Qualifizierungszentrum „Verkaufsgespräche führen"

▶ Sonstiges

Englisch in Wort und Schrift, SAP-Auftragsbearbeitung, Windows, MS PowerPoint, MS Word und MS EXCEL, Laufsport, Krafttraining und Mountainbike

---

Stichworte für die Argumentation

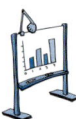

Material 4: Rollenkarte – Bewerberin 2

Rollenkarte Gruppe 3

Name: Petra Geyer
Bewerberin 2

Informationen:

▶ Beruflicher Werdegang

01/2018 – heute	Gerlinger Präsentationstechnik OHG in Berlin Verkäuferin im Außendienst
08/2011 – 01/2018	Heinemann Büroartikel KG in Dresden Verkäuferin im Außendienst

▶ Weiterbildung

03/2021	Instatik OHG „Systematische Neukundengewinnung"
06/2019	Instatik OHG „Das erfolgreiche Verkaufsgespräch"
04/2018	Instatik OHG „Die erfolgreiche Preisverhandlung"
01/2017	Weiterbildungsinstitut Daum KG „Mit Reklamationen umgehen"

▶ Sonstiges

Englisch, Französisch, Windows, MS Word, MS EXCEL, MS PowerPoint, SAP-Auftragsbearbeitung, digitale Spiegelreflex-Fotografie und Laufsport

Stichworte für die Argumentation

4 Personal auswählen II (Vorstellungsgespräche durchführen)

Material 5: Auswertungsbogen

Auswertungsbogen

Vorstellungsgespräch 1 — Ulmer Büromöbel AG/Bewerber 1

Was hat Ihnen gut gefallen?	Was könnte man besser machen?

Vorstellungsgespräch 2 — Ulmer Büromöbel AG/Bewerberin 2

Was hat Ihnen gut gefallen?	Was könnte man besser machen?

5 Einen Arbeitsvertrag abschließen

Situation:

Frau Kugler, Personalleiterin der Ulmer Büromöbel AG, und Frau Sigg, Leiterin der Verkaufsabteilung, haben sich nach Auswertung der Vorstellungsgespräche dazu entschieden, Frau Geyer eine der beiden Stellen als Verkaufssachbearbeiterin mit Außendiensttätigkeit in Dresden anzubieten. Da  Frau Geyer die ärztliche Einstellungsuntersuchung erfolgreich überstanden hat, beauftragt Frau Kugler einen ihrer Mitarbeiter, Lars Becker, damit, den Arbeitsvertrag für Frau Geyer aufzusetzen. Der Vertrag soll am 08.03.20.. unterschriftsreif vorliegen. Lars Becker, noch nicht lange in der Personalabteilung tätig, lässt sich zwar nichts anmerken, fühlt sich jedoch reichlich überfordert. Mit Arbeitsverträgen musste er sich bislang nicht auseinandersetzen.

Arbeitsaufträge:

1. Setzen Sie mithilfe der Informationen aus der internen Mitteilung (Material 1) den Arbeitsvertrag für Frau Geyer auf.

   Hinweis: Im nachfolgenden Formular Arbeitsvertrag (Material 2) wurden bewusst die Paragrafenüberschriften weggelassen. Überlegen Sie sich geeignete Überschriften und tragen Sie sie in die dafür vorgesehenen Lücken ein.

Material 1: Interne Mitteilung

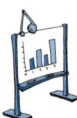 

an: Lars Becker	**Abteilung:** Personal
von: Steffi Kugler	**Datum:** 05.03.20..
	Zeichen: ku

Einstellung Frau Geyer

Frau Petra Geyer, wohnhaft in 09116 Chemnitz, Limbacher Straße 120, fängt am 01.04.20.. als Verkaufssachbearbeiterin mit Außendiensttätigkeit in unserem Verkaufsbüro in Dresden an.

Tarifvertragliche Regelungen:
- Bruttogehalt 2 700,00 EUR
- 39-Stunden-Woche
- 30 Arbeitstage Urlaub
- Vermögenswirksame Leistungen 10,00 EUR

Zusätzliche Vereinbarungen:
- Probezeit 3 Monate

Mit freundlichen Grüßen

Steffi Kugler

5 Einen Arbeitsvertrag abschließen

Material 2: Formular Arbeitsvertrag

 **Ulmer Büromöbel AG**

Arbeitsvertrag

Zwischen der Ulmer Büromöbel AG, Industriepark 5, 89073 Ulm

und _____

wird unter Hinweis auf den bestehenden Tarifvertrag in der holz- und kunststoffverarbeitenden Industrie folgender Arbeitsvertrag abgeschlossen:

§ 1 _____

Das Arbeitsverhältnis beginnt am _____. Arbeitsort ist _____.

§ 2 _____

Die Probezeit beträgt _____. Während der Probezeit kann das Arbeitsverhältnis beiderseits mit einer Frist von 2 Wochen zu jedem beliebigen Termin gekündigt werden.

§ 3 _____

_____ wird als _____ eingestellt. Bei Bedarf sind auch andere zumutbare Arbeiten, die den Vorkenntnissen des Arbeitnehmers entsprechen, zu leisten. Die bisherige Vergütung ist in diesem Fall weiterzuzahlen.

§ 4 _____

Die wöchentliche Arbeitszeit beträgt _____. Beginn und Ende der täglichen Arbeitszeit richten sich nach den Betriebsvereinbarungen. Der Arbeitnehmer ist verpflichtet, Mehrarbeit zu leisten, soweit dies gesetzlich zulässig ist. Der Arbeitgeber zahlt für jede geleistete Überstunde einen Zuschlag. Der Zuschlag richtet sich nach den Betriebsvereinbarungen.

§ 5 _____

Das Gehalt beträgt monatlich _____ brutto, zzgl. _____ vermögenswirksame Leistungen, zahlbar bargeldlos am Monatsende. Die Zahlung von Gratifikationen oder anderen Sonderzahlungen liegt im freien Ermessen des Arbeitgebers und begründet keinen Rechtsanspruch, auch wenn die Zahlungen wiederholt erfolgen.

§ 6 _____

Der Arbeitnehmer erhält kalenderjährlich einen Erholungsurlaub von _____ unter Fortzahlung seiner Bezüge. Arbeitstage sind alle Kalendertage, die nicht Samstage, Sonntage oder gesetzliche Feiertage sind. Der Arbeitnehmer stimmt den Urlaubsantritt mit der Abteilungsleitung ab.

§ 7 _____

Ist der Arbeitnehmer infolge auf Krankheit beruhender Arbeitsunfähigkeit an der Arbeitsleistung verhindert, ohne dass ihn ein Verschulden trifft, so erhält er Gehaltsfortzahlung nach den tarifvertraglichen Vereinbarungen.

§ 8 _____

Jede entgeltliche oder das Arbeitsverhältnis beeinträchtigende Nebenbeschäftigung ist nur mit Zustimmung des Arbeitgebers zulässig.

§ 9 _____

Für die Kündigung des Arbeitsverhältnisses gelten nach Ablauf der Probezeit die gesetzlichen Bestimmungen. Vor Antritt des Arbeitsverhältnisses ist die Kündigung ausgeschlossen.

§ 10 _____

Der Arbeitnehmer verpflichtet sich, während der Dauer des Arbeitsverhältnisses und auch nach Ausscheiden, über alle Betriebs- und Geschäftsvereinbarungen Stillschweigen zu bewahren.

Ulm, den _____

Ulmer Büromöbel AG
Industriepark 5
89073 Ulm

_____   _____
Arbeitgeber   Arbeitnehmer/-in

Ulmer Büromöbel AG
Industriepark 5, 89073 Ulm
Registergericht Ulm HRB 84759
USt-ID Nr. DE 68 837 465
Vorstand: Robert Heim (Vorsitzender), Achim Abt, Kathrin Sapel
Vorsitzende des Aufsichtsrats: Sarah Kern

Bankverbindungen:
Commerzbank Ulm
IBAN: DE85 6304 0046 0041 4400 18   BIC: COBADEFFXXX
Sparkasse Ulm
IBAN: DE61 6305 0000 0041 4500 75   BIC: SOLADES1ULM

6 Gesetzliche Bestimmungen im Rahmen von Kündigungen anwenden

BWL-Buch Kap. 2.3

Situation:

Am Montagnachmittag bittet Herr Denzel, Leiter der Fertigungsabteilung bei der Ulmer Büromöbel AG, die Personalleiterin Frau Kugler um ein Gespräch.

Frau Kugler: Guten Morgen, Herr Denzel, was kann ich für Sie tun?

Herr Denzel: Nun, es geht um meinen Mitarbeiter, Herrn Andreas Kramer. Seit einigen Wochen erscheint er häufig verspätet zur Arbeit. Gestern ist er sogar erst um 10:00 Uhr erschienen.

Frau Kugler: Und haben Sie Herrn Kramer schon zur Rede gestellt?

Herr Denzel: Selbstverständlich. Aber Herr Kramer meinte nur, ich solle mich nicht so anstellen.

Frau Kugler: So geht das natürlich nicht. Ein solches Verhalten können wir nicht dulden.

Herr Denzel: Ganz meine Meinung, Frau Kugler. Meines Erachtens ist die Kündigung die einzig angemessene Reaktion. Einen Mitarbeiter wie Herrn Kramer können wir nicht gebrauchen.

Frau Kugler: So einfach ist das leider nicht.

Herr Denzel: Wie meinen Sie das?

Frau Kugler: Nun …

Arbeitsaufträge:

1. Kündigungen müssen sozial gerechtfertigt sein, d.h., sie müssen begründet sein. Erläutern Sie, welcher Kündigungsgrund im Fall von Herrn Kramer vorliegt.

   _____
   _____

2. Begründen Sie, welche Maßnahmen Frau Kugler im Fall Kramer ergreifen sollte.

   _____
   _____
   _____

3. Da sich Herrn Kramers Verhalten auch nach den von Ihnen eingeleiteten Maßnahmen nicht ändert, beschließt Frau Kugler am 08.09.2024, Herrn Kramer so schnell wie möglich zu kündigen.

   Anmerkung: Da die Ulmer Büromöbel AG keinen Betriebsrat hat, muss ein solcher auch nicht angehört werden.

   Personaldaten Andreas Kramer

Geburtsdatum:	08.02.1972
Betriebseintritt:	10.04.2019
Familienstand:	ledig, keine Kinder
Beurteilung:	Die Leistungen von Herrn Kramer liegen im guten Durchschnitt.

3.1 Erläutern Sie, wie lange die Kündigungsfrist beträgt.

_____

_____

3.2 Nennen Sie das Datum, wann Herrn Kramer das Kündigungsschreiben spätestens vorliegen muss.

_____

3.3 Nennen Sie das Datum, wann Herr Kramer seinen letzten Arbeitstag hat.

_____

4. In besonders schweren Fällen kann einem Mitarbeiter auch ohne Abmahnung und ohne Einhaltung einer Frist gekündigt werden. Man spricht hier von einer sogenannten fristlosen Kündigung. Nennen Sie derartige Gründe.

_____

5. Ergänzen Sie folgenden Lückentext, indem Sie nachstehende Füllwörter verwenden:
   Auszubildende, betriebliche, Betriebszugehörigkeit, Kündigungsschutz, Lebensalter, schwerbehinderte, sozial, Unterhaltspflichten.

   Betriebsbedingte Kündigungen

   Der starke Wettbewerb auf den globalen Märkten zwingt die Unternehmen nicht selten zu Rationalisierungsmaßnahmen, die häufig Kündigungen zur Folge haben. Diese Kündigungen sind durch dringende _____ Erfordernisse bedingt. Sie sind, wie personen- oder verhaltensbedingte Kündigungen _____ gerechtfertigt. Allerdings müssen bei notwendigen Entlassungen bestimmte Aspekte berücksichtigt werden. Im Einzelnen sind dies die Dauer der _____, das _____ und die _____. Bestimmte Personengruppen, wie z. B. _____ oder _____ Menschen, haben einen besonderen _____.

6. Folgenden Mitarbeitern soll ausgehend vom 10. Oktober 2024 schnellstmöglich gekündigt werden. Geben Sie für die fünf Mitarbeiter die jeweilige Kündigungsfrist an.

Mitarbeiter/-in	Tätigkeit	Alter	Betriebseintritt	Kündigungsfrist
A. Schwan	Sekretärin	30 Jahre	01.04.2010	
P. Bullmann	Schreiner	40 Jahre	01.04.2002	
D. Strasser	Einkäufer	23 Jahre	01.02.2022	
L. Beer	Verkäufer	24 Jahre	01.09.2023	
K. Riester	Lagerist	35 Jahre	01.10.2014	

7 Löhne mithilfe unterschiedlicher Lohnformen berechnen

BWL-Buch Kap. 3

Situation:

Am 1. Oktober 20.. tritt Bernd Wegmann seine Stelle als kaufmännischer Mitarbeiter in der Personalabteilung der Ulmer Büromöbel AG an. Seine Aufgabe soll darin bestehen, die Bruttolöhne und -gehälter der bei der Ulmer Büromöbel AG beschäftigten Mitarbeiter zu ermitteln. Nachdem ihn Frau Kugler, Leiterin der Personalabteilung, im Betrieb herumgeführt und ihn den Mitarbeitern seiner Abteilung vorgestellt hat, beginnt Herr Wegmann damit, sich in seine Aufgabe einzuarbeiten. Im ersten Schritt informiert er sich über die im Unternehmen gängigen Lohnformen (Material 1).

Arbeitsaufträge:

1. Marlene Beimer arbeitet als Facharbeiterin in der Fertigungsabteilung. Ihre Tätigkeit ist der Lohngruppe 3 zugeordnet. Frau Beimer arbeitet täglich 8 Stunden. Für den Monat Oktober sind 20 Arbeitstage zu veranschlagen. Berechnen Sie den Bruttolohn von Frau Beimer für den Monat Oktober.

2. Da die Mitarbeiter in der Fertigungsabteilung in einem sehr unfallträchtigen Bereich arbeiten, beschließt die Geschäftsführung der Ulmer Büromöbel AG ab Oktober 20.. die Einführung einer Unfallverhütungsprämie, wenn es auf den Monat bezogen zu keinen Unfällen kommt. Berechnen Sie den Betrag in EUR, um den sich der Bruttolohn von Frau Beimer unter der oben genannten Voraussetzung erhöht.

3. Nennen Sie zwei Probleme, die sich für die Ulmer Büromöbel AG ergeben können, wenn beispielsweise Prämien für die Einhaltung der Liefertermine gezahlt werden.

4. In der Montageabteilung der Ulmer Büromöbel AG, in der die Mitarbeiter Hans Meyer, Fritz Funke, Gerd Hanke und Peter Meiser tätig sind, wurde vor einigen Monaten der Akkordlohn eingeführt. Der Akkordlohn kann auf zwei verschiedene Arten berechnet werden. Das Ergebnis ist in beiden Fällen das Gleiche.

    4.1 Berechnen Sie im Rahmen des **Geldakkords** folgende Größen:

    4.1.1 den Akkordrichtsatz,

4.1.2 den Stückgeldakkordsatz,

4.1.3 den Bruttolohn je Arbeitstag der Mitarbeiter Hans Meyer und Fritz Funke,

4.1.4 den effektiven Stundenlohn der beiden bei einem 8-stündigen Arbeitstag.

4.2 Berechnen Sie im Rahmen des **Zeitakkords** folgende Größen:

4.2.1 die Vorgabezeit,

4.2.2 den Minutenfaktor (auf 3 Stellen nach dem Komma runden),

7 Löhne mithilfe unterschiedlicher Lohnformen berechnen

4.2.3 den Bruttolohn je Arbeitstag der Mitarbeiter Gerd Hanke und Peter Meiser,

4.2.4 den effektiven Stundenlohn der beiden bei einem 8-stündigen Arbeitstag.

5. Erläutern Sie, für welche Tätigkeiten der Akkordlohn eher ungeeignet ist.

6. Nennen Sie je zwei Vor- und Nachteile, welche der Akkordlohn für den Arbeitnehmer mit sich bringt.

Akkordlohn aus Sicht des Arbeitnehmers	
Vorteile	**Nachteile**

7. Weitere Aufgaben zur Akkordlohnberechnung:

7.1 Jan Schulte, Mitarbeiter der Ulmer Büromöbel AG, hat gemäß Tarifvertrag einen Grundlohn von 18,50 EUR. Der Akkordzuschlag beträgt 20 %. Die Normalleistung des Mitarbeiters beträgt 10 Teile je Stunde. Der Mitarbeiter hat im November 1 000 Einheiten angefertigt.

7.1.1 Ermitteln Sie den Akkordrichtsatz.

7.1.2 Ermitteln Sie seinen Bruttolohn im November mithilfe des Stückgeldakkords.

7.2 Die Normalleistung eines Arbeiters beträgt 6 Stück je Stunde. Der Grundlohn liegt bei 13,50 EUR. Der Akkordzuschlag beträgt 20 %. Welchen Bruttolohn erzielt der Arbeiter bei einem 8-Stunden-Tag im Stückgeldakkord

7.2.1 bei einer Istleistung von 40 Stück pro Tag?

7.2.2 bei einer Istleistung von 60 Stück pro Tag?

7 Löhne mithilfe unterschiedlicher Lohnformen berechnen

7.2.3 bei einer Istleistung von 20 Stück pro Tag?

 **Material 1: Interne Mitteilung**

an: Bernd Wegmann
von: Meike Klar

Abteilung: Personal
Datum: 02.10.20..
Zeichen: kla

Personaldaten

Facharbeiterlöhne

Facharbeiter	Bruttolohn
Lohngruppe 1	12,82 EUR je Std.
Lohngruppe 2	13,50 EUR je Std.
Lohngruppe 3	14,50 EUR je Std.
Lohngruppe 4	16,50 EUR je Std.

Unfallverhütungsprämien

In unfallfreien Monaten wird in der Fertigungsabteilung eine Unfallverhütungsprämie von 5 % des Bruttolohns gezahlt (gültig ab Oktober 20..)

Akkordlöhne in der Montageabteilung

Akkorddaten	
Akkordlohn	15,00 EUR je Std.
Akkordzuschlag	12,00 %
Normalleistung	10 Einheiten

Leistungsdaten	
Mitarbeiter	⌀Istleistung pro Tag
Hans Meyer	110 Einheiten
Fritz Funke	120 Einheiten
Gerd Hanke	110 Einheiten
Peter Meiser	120 Einheiten

KOMPETENZBEREICH 3: INVESTITION UND FINANZIERUNG

1 Investitionsanlässe unterscheiden

Situation:

Bei der Gründung der Ulmer Büromöbel AG mussten umfangreiche Investitionen getätigt werden. Der Bau der Fertigungshallen und des Verwaltungsgebäudes sowie die Büroeinrichtung und der Maschinenpark verschlungen mehrere Millionen Euro. Auch in der  Folgezeit waren immer wieder Investitionen nötig, um den Fortbestand des Unternehmens zu sichern. So wurde u. a. im Fertigungsbereich eine vollautomatische Lackieranlage angeschafft, die 30 % weniger Kosten verursacht als die alte Anlage. Darüber hinaus wurden, um das Unfallrisiko an Fertigungsmaschinen zu minimieren, alle sich im Einsatz befindlichen Fertigungsmaschinen nachträglich mit Sicherheitsvorkehrungen ausgestattet, die Unfälle nahezu unmöglich machen. Zusätzlich wurden alle Mitarbeiter im Rahmen entsprechender Seminare in puncto Arbeitssicherheit geschult. Aufgrund der zunehmenden Nachfrage nach Büromöbeln wurden zudem neue Mitarbeiter eingestellt. Zehn weitere Verkäufer im Außendienst verstärken seitdem das Team. Die firmeneigene Fahrzeugflotte musste dementsprechend aufgestockt werden. Auch im Verwaltungsbereich waren Investitionen unumgänglich. So mussten beispielsweise fünf defekte Großkopierer gleichwertig ersetzt werden.

A

B

C

D

E

Arbeitsaufträge:

1. Nennen Sie die Investitionsanlässe und -arten, die den oben beschriebenen Investitionen zugrunde liegen.

Fall	Investitionsanlass	Investitionsart
A		
B		
C		
D		
E		

1 Investitionsanlässe unterscheiden

2. Beschreiben Sie die Auswirkungen unten aufgeführter Sachinvestitionen auf die Bilanz der Ulmer Büromöbel AG.

Aktiva	Bilanz	Passiva
Anlagevermögen Grundstücke und Bauten Technische Anlagen und Maschinen Fuhrpark Betriebs- und Geschäftsausstattng **II. Umlaufvermögen** Roh-, Hilfs- und Betriebsstoffe Fertige Erzeugnisse Forderungen a.L.u.L. Kassenbestand Bank (Guthaben bei Kreditinstituten)		**I. Eigenkapital** **II. Fremdkapital** Darlehen (Verbindlichkeiten gegenüber Banken) Verbindlichkeiten a.L.u.L. Sonstige Verbindlichkeiten
Mittelverwendung Wie wurde das Geld angelegt?		**Mittelherkunft** Von wem stammt das Kapital?

Sachinvestitionen	Betroffene Bilanzpositionen
Die vollautomatische Lackieranlage wurde über einen Kredit bei der Hausbank der Ulmer Büromöbel AG finanziert.	
Der Lieferant der Großkopierer gewährte der Ulmer Büromöbel AG ein Zahlungsziel von sechs Monaten.	
Eine neue Lagerhalle wurde aus Gewinnrücklagen des Vorjahres finanziert, die sich auf dem Bankkonto befanden.	
Der größte Holzlieferant hat der Ulmer Büromöbel AG ein Zahlungsziel von drei Monaten eingeräumt.	
Die neuen Fahrzeuge der Außendienstmitarbeiter wurden über einen Kredit bei der Bank des Autohändlers finanziert.	

3. Ordnen Sie folgende Investitionen den aufgeführten Investitionsobjekten zu:

　① = Sachinvestitionen　　② = Finanzinvestitionen　　③ = Immaterielle Investitionen

A	Bau einer Lagerhalle	
B	Aufstockung des Etats für Forschung und Entwicklung	
C	Kauf von Wertpapieren	
D	Kauf eines Gabelstaplers	
E	Beantragung eines Patents für eine neuartige Sitzhöhenverstellung	
F	Kauf einer CNC-Maschine	
G	Beteiligung an einem anderen Unternehmen	

2 Statische Investitionsrechnungen durchführen – Teil 1

Situation:

Die Nachfrage nach modernen Büromöbeln zu erschwinglichen Preisen ist in den letzten Jahren stark gestiegen. Um höhere Stückzahlen produzieren zu können, beabsichtigt der Vorstand der Ulmer Büromöbel AG, in eine neue Produktionsanlage zu investieren. Zur Auswahl stehen zwei Flexible Fertigungssysteme (FFS). In den Anschaffungskosten, den fixen und variablen Kosten sowie anderen Merkmalen weichen die Maschinen stark voneinander ab. Die Abteilung Finanzen hat entsprechende Informationen bereitgestellt (Material 2).

Arbeitsaufträge:

1. Erläutern Sie, aus welchem Grund die Ulmer Büromöbel AG den Erwerb einer neuen Produktionsanlage plant (Investitionsanlass).

   _____

   _____

2. Nennen Sie die vorliegende Investitionsart.

   _____

3. Unterbreiten Sie mithilfe der Materialien 1 und 2 einen Vorschlag, für welche Investitionsalternative sich die Ulmer Büromöbel AG aus Kostengesichtspunkten entscheiden sollte.

4. Neben den Kosten müssen bei der obigen Entscheidung weitere Kriterien berücksichtigt werden. Führen Sie diesbezüglich eine qualitative Analyse durch und treffen Sie eine Gesamtentscheidung.

   ⊕ = besser als die Alternative bzw. gleich gut

   ⊖ = schlechter als die Alternative

Qualitative Analyse		
Kriterien	**TX 2000**	**WZ 5100**
Teilevielfalt		
Losgröße		
Umrüstaufwand		
Platzbedarf		
Qualität		
Entscheidung		
Gesamtentscheidung (quantitative und qualitative Analyse)		

2 Statische Investitionsrechnungen durchführen – Teil 1

Material 1: Formular Kostenvergleichsrechnung

Quantitative Analyse		
Kostenvergleichsrechnung		
Produktionsanlage FFS	TX 2000	WZ 5100
A Fixe Kosten		
+		
+		
+		
+		
+		
= Fixe Kosten (gesamt)		
B Variable Kosten		
+		
+		
= Variable Kosten (gesamt)		
C Gesamtkosten (A + B)		
Entscheidung		

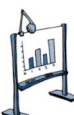

Material 2: Interne Mitteilung

Interne Mitteilung

an: Michael Huth (Allgemeine Dienste)	**Abteilung:** Finanzen
von: Sven Agsten	**Datum:** 30.12.20..
	Zeichen: ags

Informationen I: Beschreibung der Produktionsanlage

Beide Flexible Fertigungssysteme (FFS) verfügen über Bearbeitungsstationen und flexible Fertigungszellen, mit denen Kunststoff- oder Holzverbundplatten in verschiedenen Größen und Formen zugeschnitten, beschichtet und endbearbeitet werden können. Hierbei ermöglichen geringe Losgrößen die Herstellung individueller Erzeugnisse oder sehr kleiner Serien.

	TX 2000	WZ 5100
Teilevielfalt	200 Varianten	150 Varianten
Losgröße	ab 2 Stück	ab 5 Stück
Umrüstaufwand	mittel	gering
Platzbedarf	80 m²	100 m²
Qualität	gut bis sehr gut	gut bis sehr gut

Informationen II: Kosten

	TX 2000	WZ 5100
Allgemeine Informationen		
• Anschaffungskosten	1 620 000,00 EUR	2 030 000,00 EUR
• Nutzungsdauer	8 Jahre	8 Jahre
• Restwert	20 000,00 EUR	30 000,00 EUR
• Benötigte Mitarbeiter	5	4
• Arbeitsstunden pro Jahr je Mitarbeiter	1 800	1 800
• Maximalkapazität in Stück	20 000	20 000
• Maximalkapazität in Stunden	2 400	2 400
• Geplante Produktionsmenge in Stück	15 000	15 000
• Geplante Auslastung in Stunden	1 800	1 800
Fixe Kosten pro Jahr		
• Kalkulatorische Zinsen	?	?
• Wartung/Reparatur	6 500,00 EUR	8 000,00 EUR
• Versicherungskosten	2 000,00 EUR	2 500,00 EUR
• Kalkulatorische Miete	?	?
• Kalkulatorische Abschreibungen (linear)	?	?
• Sonstige fixe Kosten	17 500,00 EUR	20 000,00 EUR
Variable Kosten pro Einheit		
• Lohnkosten pro Stück	21,60 EUR	17,28 EUR
• Werkzeugkosten pro Stück	0,30 EUR	0,35 EUR
• Energieverbrauch pro Stunde	32 kW	40 kW

Informationen III: Sonstiges

Kalkulatorische Zinsen[1]	3 % von der Hälfte der (Anschaffungskosten + Restwert)	Kalkulatorische Abschreibungen	$\dfrac{\text{Anschaffungskosten} - \text{Restwert}}{\text{Nutzungsdauer}}$
Kalkulatorische Miete[2]	70,00 EUR/Jahr pro m²	Energiekosten	0,15 EUR/kWh

---

[1] Investiert man z. B. in eine Produktionsanlage, kann das Geld nicht bei der Bank angelegt werden. Die kalkulatorischen Zinsen beziffern den entgangenen Gewinn.
[2] Sie wird für eigene Räume, für die keine Miete zu zahlen ist, analog der ortsüblichen Miete angesetzt.

3 Statische Investitionsrechnungen durchführen – Teil 2

BWL-Buch Kap. 2.1

Situation:

Marktforschungsergebnissen zufolge soll die Nachfrage nach Loungemöbeln für Empfangs- bzw. Wartebereiche in den nächsten Jahren stark steigen. Aus diesem Grund hat sich die Geschäftsführung der Ulmer Büromöbel AG entschieden, eine neue Produktionsanlage anzuschaffen.

Die Loungemöbel, insbesondere Sessel und Sofas, sollen auf einer eigenen Fertigungsinsel komplett gefertigt und montiert werden. Hierzu sind Investitionen in Millionenhöhe nötig. Zur Auswahl stehen zwei Systeme, die sich in vielfältiger Hinsicht voneinander unterscheiden. Von der Abteilung Finanzen wurden dementsprechende Informationen an das Projektteam weitergeleitet (Material 3).

Arbeitsaufträge:

1. Erläutern Sie, aus welchem Grund die Ulmer Büromöbel AG den Erwerb einer neuen Produktionsanlage plant (Investitionsanlass).

   _____
   _____
   _____
   _____

2. Nennen Sie die vorliegende Investitionsart.

   _____

3. Unterbreiten Sie mithilfe der Materialien 1 und 3 einen Vorschlag, für welche Investitionsalternative sich die Ulmer Büromöbel AG aus Kostengesichtspunkten entscheiden sollte.

4. Aufgrund der hervorragenden Fertigungsqualität können die auf der Flexiblen Fertigungsinsel (FFI) Temag 3000 gefertigten Erzeugnisse zu einem höheren Verkaufspreis abgesetzt werden. Prüfen Sie, inwieweit sich dieser Umstand auf Ihre unter Arbeitsauftrag 3 getroffene Investitionsentscheidung auswirkt (Material 2).

5. Neben der Kosten- und Gewinnvergleichsrechnung werden im Zusammenhang mit Investitionsentscheidungen zusätzlich die Rentabilität sowie die Amortisationsdauer der Investition ermittelt.

   5.1 Berechnen Sie zunächst die Rentabilität der beiden Investitionsalternativen unter Zuhilfenahme der Infobox 1.

Rentabilitätsvergleichsrechnung		
Produktionsanlage	**AMG 1400**	**Temag 3000**
Rentabilität		

Nebenrechnungen:

Infobox 1

Der durch eine Investition erzielte Gewinn hat für sich genommen nur eine begrenze Aussagekraft. Wurde der Gewinn mit einem hohen Kapitaleinsatz erzielt, ist dies weniger positiv zu bewerten, als wenn derselbe Gewinn mit einem geringeren Kapitaleinsatz erzielt worden wäre. Das Verhältnis von Gewinn zu eingesetztem Kapital ist somit von großer Bedeutung.

Folgende Formel zeigt die mathematische Berechnung der **Rentabilität (%):**

$$\frac{\text{Gewinn + kalkulatorische Zinsen}}{\text{Ø eingesetztes Kapital}} \cdot 100$$

Hierbei wird das Ø eingesetzte Kapital mit folgender Formel ermittelt:

$$\frac{\text{Anschaffungskosten + Restwert}}{2}$$

5.2 Berechnen Sie nun die Amortisationsdauer der beiden Investitionsalternativen.

Amortisationsrechnung		
Produktionsanlage	**AMG 1400**	**Temag 3000**
Amortisationsdauer		

Nebenrechnungen:

Infobox 2

Die Amortisationsdauer ermittelt den Zeitraum, über den die getätigten Investitionsausgaben durch die erzielten Überschüsse wieder ins Unternehmen zurückfließen.

Folgende Formel zeigt die mathematische Berechnung der **Amortisationsdauer (Jahre):**

$$\frac{\text{Anschaffungskosten − Restwert}}{\text{Gewinn + kalkulatorische Abschreibungen}}$$

3 Statische Investitionsrechnungen durchführen – Teil 2

6. Unterbreiten Sie anhand der vier Einzelergebnisse einen Vorschlag, für welche Investitionsalternative sich die Ulmer Büromöbel AG entscheiden sollte.

Investitionsentscheidung		
Produktionsanlage	**AMG 1400**	**Temag 3000**
Kostenvergleich		
Gewinnvergleich		
Rentabilitätsvergleich		
Amortisationsdauer		

Gesamtentscheidung	

7. Prüfen Sie, ob folgende Aussagen richtig oder falsch sind.
   - ① = richtig
   - ⑨ = falsch

A	Das Ziel der Investitionsrechnung besteht darin, die Investitionsentscheidung auf stabile Beine zu stellen.	
B	Statische Investitionsverfahren beurteilen eine Investition aufgrund der anfallenden Kosten, des erzielbaren Gewinns, der zu erwartenden Rentabilität und der vermutlichen Liquidität.	
C	Da bei der Gewinnvergleichsrechnung der Gewinn nicht ins Verhältnis zum eingesetzten Kapital gesetzt wird, ist ein Vergleich von zwei alternativen Kapitalanlagen nicht möglich.	
D	Die Amortisationsdauer einer Investition darf nicht länger als die Nutzungsdauer einer Investition sein.	
E	Bei der Kostenvergleichsrechnung werden nur die fixen Kosten zur Entscheidungsfindung herangezogen. Die variablen Kosten spielen keine Rolle.	

Material 1: Formular Kostenvergleichsrechnung

Kostenvergleichsrechnung (Kosten pro Jahr)		
Produktionsanlage	**AMG 1400**	**Temag 3000**
A Fixe Kosten		
+		
+		
+		
+		
+		
= Fixe Kosten (gesamt)		
B Variable Kosten		
+		
+		
= Variable Kosten (gesamt)		
C Gesamtkosten (A + B)		
Entscheidung		

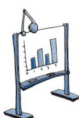

Material 2: Formular Gewinnvergleichsrechnung

Gewinnvergleichsrechnung (Gewinn pro Jahr)		
Produktionsanlage	**AMG 1400**	**Temag 3000**
Verkaufserlöse (geplante Produktionsmenge)		
Gesamtkosten		
Gewinn		
Entscheidung		

3 Statische Investitionsrechnungen durchführen – Teil 2

 **Material 3: Interne Mitteilung**

Interne Mitteilung

an: Michael Huth (Allgemeine Dienste)	**Abteilung:** Finanzen
von: Sven Agsten	**Datum:** 30.12.20..
	Zeichen: ags

Informationen I: Beschreibung der Produktionsanlage

Beide Flexible Fertigungsinseln (FFI) verfügen über CNC-Maschinen, Bearbeitungszentren und Flexible Fertigungszellen, die zum Teil durch Transportbänder miteinander verbunden sind. Die zur Verfügung stehenden Maschinen ermöglichen die Fertigung verschiedener Sessel und Sofas in kleinen Serien. Der Umrüstaufwand ist bei beiden Alternativen gering. Für beide Alternativen stünde in unserer Fertigungshalle genügend Platz zur Verfügung. Beide Alternativen ermöglichen die Fertigung hochwertiger Sitzgelegenheiten, wobei die Temag 3000 aufgrund modernster Technologie Maßstäbe setzt, die sich positiv auf den möglichen Verkaufserlös auswirken werden.

	AMG 1400	Temag 3000
Platzbedarf	160 m²	200 m²
Qualität	gut bis sehr gut	hervorragend
Ø Verkaufserlös pro Stück	840,00 EUR	920,00 EUR

Informationen II: Kosten

	AMG 1400	Temag 3000
Allgemeine Informationen		
• Anschaffungskosten	18 100 000,00 EUR	21 200 000,00 EUR
• Nutzungsdauer	12 Jahre	12 Jahre
• Restwert	100 000,00 EUR	200 000,00 EUR
• Benötigte Mitarbeiter	30	33
• Arbeitsstunden pro Jahr je Mitarbeiter	1 920	1 920
• Maximalkapazität in Stück	6 500	6 500
• Maximalkapazität in Stunden	2 400	2 400
• Geplante Produktionsmenge in Stück	5 000	5 000
• Geplante Auslastung in Stunden	1 800	1 800
Fixe Kosten pro Jahr		
• Kalkulatorische Zinsen	?	?
• Wartung/Reparatur	52 000,00 EUR	58 000,00 EUR
• Versicherungskosten	8 000,00 EUR	12 000,00 EUR
• Kalkulatorische Miete	?	?
• Kalkulatorische Abschreibungen (linear)	?	?
• Sonstige fixe Kosten	400 000,00 EUR	440 000,00 EUR
Variable Kosten pro Einheit		
• Lohnkosten pro Stück	24,80 EUR	26,20 EUR
• Werkzeugkosten pro Stück	0,44 EUR	0,44 EUR
• Energieverbrauch pro Stunde	320 kW	360 kW

Informationen III: Sonstiges

Kalkulatorische Zinsen	3 % von der Hälfte der (Anschaffungskosten + Restwert)	Kalkulatorische Abschreibungen	$\dfrac{\text{Anschaffungskosten} - \text{Restwert}}{\text{Nutzungsdauer}}$
Kalkulatorische Miete	70,00 EUR/Jahr pro m²	Energiekosten	0,15 EUR/kWh

3 Statische Investitionsrechnungen durchführen – Teil 2

Weiterer Fall:

Die Böllhoff GmbH in Calw, ein bedeutender Zulieferer für die Büromöbelindustrie, hat sich auf die Produktion von Schrauben spezialisiert. Im nächsten Monat soll eine in die Jahre gekommene Spezialmaschine durch eine modernere Variante ersetzt werden. Zwei Alternativen stehen zur Auswahl. Mit der Maschine vom Typ SE 30 könnte die Herstellung der Schrauben vollautomatisch ablaufen. Die Alternative dazu wäre eine halbautomatische Maschine KR 20. Aus Kostensicht weichen die Maschinen stark voneinander ab. Die herausragende Fertigungsqualität der SE 30 ermöglicht darüber hinaus einen etwas höheren Verkaufspreis der Schrauben.

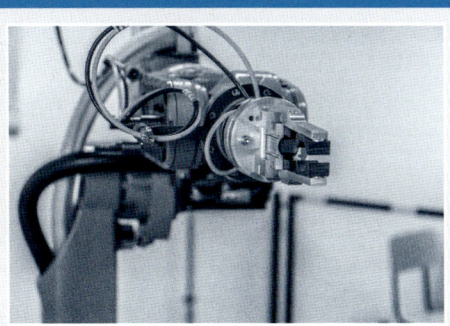

Aus der Abteilung Finanzen liegen folgende Informationen vor:

Informationen	SE 30 (VA)	KR 20 (HA)
Anschaffungskosten	1 280 000,00 EUR	1 000 000,00 EUR
Restwert	80 000,00 EUR	40 000,00 EUR
Nutzungsdauer	12 Jahre	12 Jahre
Maximalkapazität	2 200 000 Stück pro Jahr	2 200 000 Stück pro Jahr
Geplante Produktionsmenge	1 800 000 Stück pro Jahr	1 800 000 Stück pro Jahr
Geplanter Verkaufspreis der Schrauben	0,30 EUR pro Stück	0,28 EUR pro Stück

Fixe Kosten:
  Kalkulatorische Abschreibungen
  Kalkulatorische Zinsen (3 %)
  Sonstige fixe Kosten
	?
	?
	180 000,00 EUR
		?
		?
		140 000,00 EUR

Variable Kosten:
  Lohnkosten
  Werkzeugkosten
  Sonstige variable Kosten
	50 000,00 EUR
	40 000,00 EUR
	60 000,00 EUR
		80 000,00 EUR
		46 000,00 EUR
		84 000,00 EUR

8. Führen Sie bezogen auf obige Investitionsalternativen sämtliche relevanten Investitionsrechnungen durch (Material 4 und 5) und unterbreiten Sie einen Vorschlag, für welche Investitionsalternative sich die Böllhoff GmbH entscheiden sollte.

Investitionsentscheidung		
Spezialmaschine	SE 30 (VA)	KR 20 (HA)
Kostenvergleich		
Gewinnvergleich		
Rentabilitätsvergleich		
Amortisationsdauer		
Gesamtentscheidung		

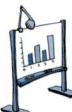

Material 4: Formular Kostenvergleichsrechnung

Kostenvergleichsrechnung (Kosten pro Jahr)		
Spezialmaschine	**SE 30 (VA)**	**KR 20 (HA)**
A Fixe Kosten		
+		
+		
+		
+		
+		
= Fixe Kosten (gesamt)		
B Variable Kosten		
+		
+		
= Variable Kosten (gesamt)		
C Gesamtkosten (A + B)		
Entscheidung Kosten		

Nebenrechnungen:

3 Statische Investitionsrechnungen durchführen – Teil 2

Material 5: Nebenrechnungen (weitere Investitionsrechnungen)

BWL-Buch Kap. 2.2.2

4 Im Rahmen der dynamischen Investitionsrechnung den Kapitalwert berechnen

Situation:

Im Rahmen von Digitalisierung und Industrie 4.0 rüstet auch die Ulmer Büromöbel AG ihre Maschinen nach und nach um. Somit soll mittelfristig eine effiziente und digitale Fertigung möglich sein. Manuel Denzel, Abteilungsleiter Fertigung bei der Ulmer Büromöbel AG, hat sich auf der Motek, einer internationalen Messe für Produktions- und Montageautomatisierung in Stuttgart, nach entsprechenden Maschinen umgesehen. Er legt nun Sven Agsten, Abteilungsleiter Finanzen bei der Ulmer Büromöbel AG, Informationen zu zwei alternativen Investitionsobjekten vor:

	Maschine „DigiMatic"	Maschine „HighspeedFuture"
Anschaffungsauszahlung	300 000,00 EUR	280 000,00 EUR
Nutzungsdauer	5 Jahre	5 Jahre
Liquidationserlös am Ende der Nutzungsdauer	20 000,00 EUR	0,00 EUR
	Einzahlungsüberschüsse am Jahresende	
Jahr 1	85 000,00 EUR	95 000,00 EUR
Jahr 2	85 000,00 EUR	90 000,00 EUR
Jahr 3	85 000,00 EUR	75 000,00 EUR
Jahr 4	85 000,00 EUR	75 000,00 EUR
Jahr 5	85 000,00 EUR	50 000,00 EUR

Arbeitsaufträge:

1. Sven Agsten möchte die Investitionsentscheidung mithilfe der Kapitalwertmethode treffen. Erläutern Sie den Vorteil dieser Methode im Vergleich zu statischen Verfahren.

   _____
   _____
   _____
   _____

2. Sven Agsten überlegt, welchen Kalkulationszinssatz er für die Investitionsrechnung zugrunde legen soll. Erläutern Sie zwei Faktoren, die bei der Bestimmung der Höhe des Kalkulationszinssatzes eine Rolle spielen.

   _____
   _____
   _____
   _____

4 Im Rahmen der dynamischen Investitionsrechnung den Kapitalwert berechnen

3. Der Kalkulationszinssatz wird auf 10 % festgelegt.

   3.1 Ermitteln Sie die Kapitalwerte der beiden Investitionsobjekte.

   Hinweis: Nutzen Sie für die Berechnung die Abzinsungstabelle (Material 1).

Maschine „DigiMatic"			
Ende des	**Einzahlungsüberschüsse**	**Abzinsungsfaktor**	**Barwert**
1. Jahres			
2. Jahres			
3. Jahres			
4. Jahres			
5. Jahres			
= Barwertsumme			
− Anschaffungsauszahlung		1,0000	
+ Liquidationserlös (_____ EUR)			
= Kapitalwert			

Maschine „HighspeedFuture"			
Ende des	**Einzahlungsüberschüsse**	**Abzinsungsfaktor**	**Barwert**
1. Jahres			
2. Jahres			
3. Jahres			
4. Jahres			
5. Jahres			
= Barwertsumme			
− Anschaffungsauszahlung		1,0000	
= Kapitalwert			

   3.2 Treffen Sie für die Ulmer Büromöbel AG eine begründete Investitionsentscheidung.

4. Beschreiben Sie drei Nachteile der Kapitalwertmethode.

➤ _____

➤ _____

➤ _____

5. Manuel Denzel gibt zu bedenken, dass nicht nur quantitative, sondern auch qualitative Kriterien berücksichtigt werden sollten. Nennen Sie vier qualitative Bewertungskriterien.

Qualitative Bewertungskriterien	

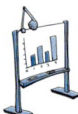 **Material 1: Abzinsungstabelle**

		2,5%	3,0%	3,5%	4,0%	4,5%	5,0%	6,0%	7,0%	8,0%	9,0%	10,0%
	1	0,9756	0,9709	0,9662	0,9615	0,9569	0,9524	0,9434	0,9346	0,9259	0,9174	0,9091
	2	0,9518	0,9426	0,9335	0,9246	0,9157	0,9070	0,8900	0,8734	0,8573	0,8417	0,8264
	3	0,9286	0,9151	0,9019	0,8890	0,8763	0,8638	0,8396	0,8163	0,7938	0,7722	0,7513
	4	0,9060	0,8885	0,8714	0,8548	0,8386	0,8227	0,7921	0,7629	0,7350	0,7084	0,6830
Jahre (n)	5	0,8839	0,8626	0,8420	0,8219	0,8025	0,7835	0,7473	0,7130	0,6806	0,6499	0,6209
	6	0,8623	0,8375	0,8135	0,7903	0,7679	0,7462	0,7050	0,6663	0,6302	0,5963	0,5645
	7	0,8413	0,8131	0,7860	0,7599	0,7348	0,7107	0,6651	0,6227	0,5835	0,5470	0,5132
	8	0,8207	0,7894	0,7594	0,7307	0,7032	0,6768	0,6274	0,5820	0,5403	0,5019	0,4665
	9	0,8007	0,7664	0,7337	0,7026	0,6729	0,6446	0,5919	0,5439	0,5002	0,4604	0,4241
	10	0,7812	0,7441	0,7089	0,6756	0,6439	0,6139	0,5584	0,5083	0,4632	0,4224	0,3855

5 Finanzierung aus Abschreibung und Vermögensumschichtung

BWL-Buch
Kap. 3.1
+ 3.2

Situation:

Herr Heim, Vorstandsmitglied der Ulmer Büromöbel AG, trifft sich mit Frank Falkner, Inhaber der Falkner Unternehmensberatung OHG, in dessen Büro, um weitere Finanzierungsmöglichkeiten zu besprechen.

Herr Falkner: Guten Morgen, Herr Heim. Nehmen Sie doch Platz.

Herr Heim: Guten Morgen, Herr Falkner. Hatten Sie Gelegenheit, unsere bisherigen Finanzierungsmodelle unter die Lupe zu nehmen?

Herr Falkner: Selbstverständlich. Leider bin ich zu dem Ergebnis gekommen, dass Ihre Möglichkeiten, weitere Investitionen über eine Selbstfinanzierung oder die Aufnahme von Bankkrediten zu finanzieren, begrenzt sind.

Herr Heim: Das dachte ich mir. Was schlagen Sie vor?

Herr Falkner: Haben Sie schon einmal etwas von der Finanzierung aus Abschreibungsgegenwerten gehört?

Herr Heim: Nun, wenn Sie mich so direkt fragen. ... Das höre ich heute zum ersten Mal.

Arbeitsaufträge:

1. Aufgrund der langfristig guten Absatzprognose für ihre Produkte entscheidet sich die Ulmer Büromöbel AG, fünf weitere CNC-Bohrmaschinen anzuschaffen. Die Anschaffungskosten je Maschine betragen 12 000,00 EUR. Die Nutzungsdauer soll fünf Jahre betragen. Die Abschreibung erfolgt linear.

    1.1 Ermitteln Sie anhand der Tabelle die liquiden Mittel, die durch die Abschreibungsfinanzierung pro Jahr und insgesamt erwirtschaftet werden.

Jahr	Buchwert aller Maschinen	Abschreibungsbeträge	Abschreibungsfinanzierung		Restbuchwert aller Maschinen
			Liquide Mittel pro Jahr	Liquide Mittel insgesamt	
1					
2					
3					
4					
5					

    1.2 Nennen Sie den Zeitpunkt, zu dem genügend liquide Mittel zur Verfügung stünden, um eine weitere CNC-Bohrmaschine anschaffen zu können.

Zeitpunkt	

2. Die Ulmer Büromöbel AG möchte drei dringend im Lager benötigte Gabelstapler über Vermögensumschichtungen finanzieren. Die Anschaffungskosten der Gabelstapler betragen insgesamt 38 000,00 EUR. Durch die Einführung des JIT-Verfahrens können im Lager 16 000,00 EUR eingespart werden. Für weitere Vermögensumschichtungen kommen die unten aufgeführten Vermögenspositionen infrage.

Prüfen Sie, ob genügend liquide Mittel zur Verfügung stehen, um die Gabelstapler aus Vermögensumschichtungen finanzieren zu können.

Vermögenspositionen

- Nicht mehr benötigter Transporter, aktueller Verkaufswert: 14 000,00 EUR
- Derzeit nicht genutztes Grundstück, aktueller Verkaufswert: 160 000,00 EUR
- Nicht mehr benötigte Fertigungsmaschine, aktueller Verkaufswert: 10 000,00 EUR
- Wertpapiere, aktueller Verkaufswert: 22 000,00 EUR

Nebenrechnungen:

3. Vervollständigen Sie folgenden Lückentext.

Finanzierung aus Rückstellungen

Rückstellungen sind _____, bei denen noch nicht klar ist, ob, _____ und in welcher _____ sie anfallen werden. Beispiele für Rückstellungen sind _____, Steuerrückstellungen oder Rückstellungen für mögliche _____ der Kunden. Bis zum _____ der Auszahlung verbleiben die finanziellen Mittel im Unternehmen und stehen zur _____ von Investitionen zur Verfügung. Bei der Finanzierung aus Rückstellungen handelt es sich sowohl um eine _____ als auch um eine _____.

Füllwörter

1	Finanzierung	4	Höhe	7	Verbindlichkeiten
2	Fremdfinanzierung	5	Innenfinanzierung	8	wann
3	Gewährleistungsansprüche	6	Pensionsrückstellungen	9	Zeitpunkt

5 Finanzierung aus Abschreibung und Vermögensumschichtung

4. Um einen Überblick über die verschiedenen Finanzierungsarten bei der Ulmer Büromöbel AG zu bekommen, hat Herr Falkner eine Übersicht erstellt. Tragen Sie die jeweilige Finanzierungsart in die Übersicht ein (Material 1).

Material 1: Übersicht über die Finanzierungsarten

Finanzierungsarten	Außenfinanzierung	Innenfinanzierung
Eigenfinanzierung		
Fremdfinanzierung		

6 Einen Lieferantenkredit zur kurzfristigen Fremdfinanzierung nutzen

Situation:

Die Ulmer Büromöbel AG überlegt, ob sie eine bereits vorliegende Rechnung ihres Lieferanten, der Karg GmbH (Großhändler für PC-Hardware), für 10 Multifunktionsdrucker unter Skontoabzug bezahlen oder das Zahlungsziel von 30 Tagen ausnutzen soll.

Wenn die Ulmer Büromöbel AG Skonto ausnutzen möchte, ist sie allerdings gezwungen, den von der Commerzbank Ulm eingeräumten Kontokorrentkredit in Höhe von 12 % in Anspruch zu nehmen.

KARG GMBH

Karg GmbH · Siemensstraße 1 · 79539 Lörrach
Ulmer Büromöbel G
Industriepark 5
89073 Ulm

Kundennummer:	25-32854
Ihr Bestelldatum:	13.02.20..
Telefon:	07621 151617
Fax:	07621 5860
E-Mail:	info@karg.de
Datum:	18.02.20..

Rechnung Nr. 2019–2548

Sehr geehrte Damen und Herren,

für unsere erbrachten Leistungen berechnen wir Ihnen wie folgt:

Menge	Artikel	Stückpreis	Gesamtpreis
10	Multifunktionsdrucker „Business Pro"	1 350,00 EUR	13 500,00 EUR
	Nettobetrag		13 500,00 EUR
	+ Umsatzsteuer 19 %		2 565,00 EUR
	Bruttobetrag		16 065,00 EUR

Zahlbar mit 2 % Skonto innerhalb von 8 Tagen oder 30 Tage Ziel.

i. A. *Heinz Schön*

Handelsregister: Amtsgericht Lörrach – HRB 3523
Bankverbindungen: Commerzbank Lörrach – IBAN: DE40 6834 0058 0002 0504 75 – BIC: COBADEFFXXX

6 Einen Lieferantenkredit zur kurzfristigen Fremdfinanzierung nutzen

Arbeitsaufträge:

1. Berechnen Sie für die Ulmer Büromöbel AG die günstigere Alternative.

Ersparnis durch Skontoausnutzung	Sollzinsen Kontokorrentkredit

Ergebnis

2. Berechnen Sie, welchem Jahreszinsfuß der Skontosatz entspricht.

3. Erläutern Sie jeweils zwei Vor- und Nachteile des Kontokorrentkredits aus der Sicht der Ulmer Büromöbel AG.

Vorteile	Nachteile

BWL-Buch
Kap. 3.3.3.2

7 Arten der Kreditfinanzierung vergleichen

Situation:

Um die stärkere Nachfrage nach individuellen Büromöbeln befriedigen zu können, hat sich der Vorstand der Ulmer Büromöbel AG unter Berücksichtigung aller relevanten Kriterien entschieden, in das flexible Fertigungssystem ME 5000 der Grohe Maschinenbau GmbH zu investieren.

Die Anschaffungskosten liegen bei 1 200 000,00 EUR. Da diese Summe nicht aus eigenen finanziellen Mitteln bezahlt werden kann, wendet sich die Ulmer Büromöbel AG mit entsprechender Begründung an ihre Hausbank, mit der Bitte um ein Darlehen in genannter Höhe und einer Laufzeit von sechs Jahren.

Nach Prüfung des Investitionsvorhabens unterbreitet die Hausbank der Ulmer Büromöbel AG drei Alternativen, die sich in der Art der Rückzahlung unterscheiden:

① Fälligkeitsdarlehen (Festdarlehen)
② Abzahlungsdarlehen (Ratendarlehen)
③ Annuitätendarlehen

Informationen	① Fälligkeitsdarlehen	② Abzahlungsdarlehen	③ Annuitätendarlehen
Darlehenssumme	1 200 000,00 EUR	1 200 000,00 EUR	1 200 000,00 EUR
Auszahlung	100 %	100 %	100 %
Nominalzins	4 %	4 %	4 %
Laufzeit	6 Jahre	6 Jahre	6 Jahre
Tilgung	komplette Tilgung nach 6 Jahren	gleichbleibende Tilgungsraten	feste Annuität[1]

Arbeitsaufträge:

1. Erstellen Sie für jede Darlehensart einen Zins- und Tilgungsplan. Vervollständigen Sie hierzu die in Material 1 zur Verfügung stehenden Vorlagen.

2. Sven Agsten, Leiter der Abteilung Finanzen, überlegt, welche Darlehensform für die Ulmer Büromöbel AG am geeignetsten ist.

   Vergleichen Sie die drei Darlehensarten hinsichtlich der insgesamt zu zahlenden Zinsen und weiterer Merkmale. Nutzen Sie hierfür die folgende Tabelle.

Kreditfinanzierung		
Darlehensart	Gesamtzinsen	Weitere Merkmale
Fälligkeitsdarlehen		
Abzahlungsdarlehen		
Annuitätendarlehen		

---

1 Hier wird eine feste Gesamtbelastung (Annuität) aus Tilgung und Zinsen vereinbart. Die Gesamtbelastung pro Jahr bleibt also immer gleich.

7 Arten der Kreditfinanzierung vergleichen

3. Unterbreiten Sie einen begründeten Vorschlag, für welche Darlehensform sich die Ulmer Büromöbel AG unter folgender Annahme entscheiden sollte:

   > Aufgrund veralteter Produkte musste die Ulmer Büromöbel AG in der letzten Zeit starke Umsatzrückgänge und damit verbundene Gewinneinbußen hinnehmen. Das Absatzprogramm wurde entsprechend bereinigt. Neue Produkte sollen in Kürze auf dem Markt eingeführt werden. Obwohl man vom Erfolg der Produkte überzeugt ist, geht der Vorstand davon aus, dass die Gewinnschwelle erst in fünf Jahren erreicht wird.

4. Bei manchen Darlehen werden nur 90–98 % der Darlehenssumme ausgezahlt. Die Differenz zu 100 % wird als Disagio bezeichnet. In diesen Fällen ist der effektive Jahreszins höher als der Nominalzins. Berechnen Sie mithilfe der Formel den effektiven Jahreszins für folgendes Darlehen:

$$\text{Effektiver Jahreszinssatz} = \frac{\left(\text{Nominalzinsen} + \dfrac{\text{Disagio}}{\text{Laufzeit}}\right) \cdot 100}{\text{Auszahlungsbetrag}}$$

Darlehen	
▶ Darlehenssumme: 80 000,00 EUR	▶ Laufzeit: 5 Jahre
▶ Auszahlung: 94 %	▶ Nominalzins: 3,8 %

Nebenrechnungen:

Material 1: Berechnungsvorlagen „Zins- und Tilgungsplan"

① **Fälligkeitsdarlehen (Festdarlehen)**

Jahr	Darlehen Jahresanfang	Darlehen Jahresende	Tilgung	Zinsen	Geldmittel-abfluss
1					
2					
3					
4					
5					
6					
		Summe			

② **Abzahlungsdarlehen (Ratendarlehen)**

Jahr	Darlehen Jahresanfang	Darlehen Jahresende	Tilgung	Zinsen	Geldmittel-abfluss
1					
2					
3					
4					
5					
6					
		Summe			

7 Arten der Kreditfinanzierung vergleichen

Material 1: Fortsetzung

③ **Annuitätendarlehen**

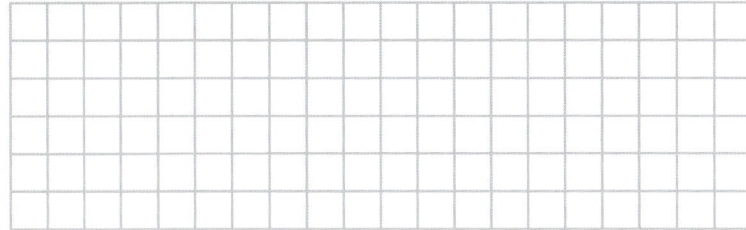

Berechnung des Annuitätenfaktors

$$ANF_{n,p} = \frac{(1+p)^n \cdot p}{(1+p)^n - 1}$$

n = Laufzeit
p = Nominalzinssatz

Jahr	Darlehen Jahresanfang	Darlehen Jahresende	Tilgung	Zinsen	Geldmittelabfluss (Annuität)
1					
2					
3					
4					
5					
6					
	Summe				

Nebenrechnungen:

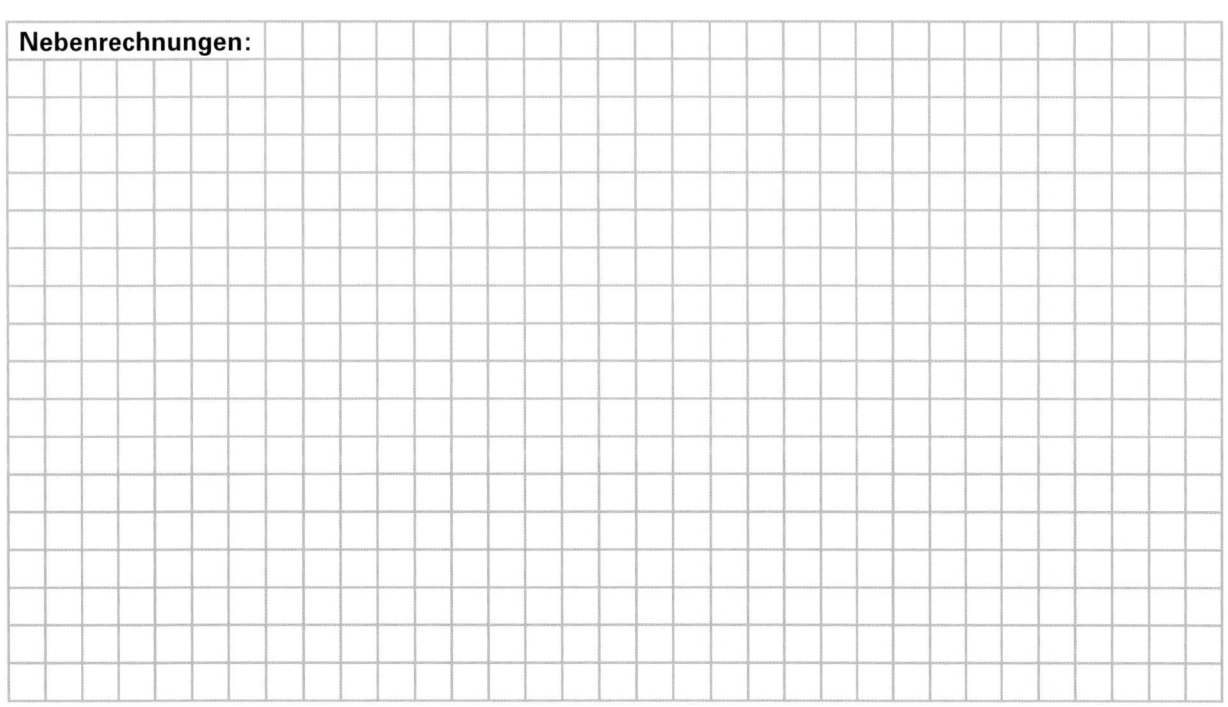

Weiterer Fall:

Um den Absatz ihrer Produkte im benachbarten Bayern zu steigern, beabsichtigt die Ulmer Büromöbel AG, einen Außendienstmitarbeiter für den Verkauf einzustellen. Diesem soll ein repräsentativer Firmenwagen zur Verfügung gestellt werden. Der Vorstand entscheidet sich nach reiflicher Überlegung für ein entsprechendes Fahrzeug. Der Wagen kostet 60 000,00 EUR. Die in der Bilanz ausgewiesenen liquiden Mittel sind im Moment größtenteils für die Rückzahlung von Lieferantenkrediten vorgesehen, daher sieht man kurzfristig keine Möglichkeit, das Fahrzeug aus eigenen finanziellen Mitteln zu bezahlen. Aus diesem Grund wendet sich die Ulmer Büromöbel AG an ihre Hausbank, mit der Bitte um ein Darlehen in entsprechender Höhe und einer Laufzeit von fünf Jahren.

Nach Prüfung der Kreditwürdigkeit unterbreitet die Hausbank folgende Angebote:

Informationen	① Fälligkeitsdarlehen	② Abzahlungsdarlehen	③ Annuitätendarlehen
Darlehenssumme	60 000,00 EUR	60 000,00 EUR	60 000,00 EUR
Auszahlung	100 %	100 %	100 %
Nominalzins	4,2 %	4,2 %	4,2 %
Laufzeit	5 Jahre	5 Jahre	5 Jahre
Tilgung	komplette Tilgung nach 5 Jahren	gleichbleibende Tilgungsraten	feste Annuität

5. Der Vorstand der Ulmer Büromöbel AG vergleicht die Angebote hinsichtlich der Liquiditäts- und Aufwandsbelastungen.

   Erstellen Sie für jede Darlehensart einen Zins- und Tilgungsplan. Vervollständigen Sie hierzu die unter Material 2 zur Verfügung stehenden Vorlagen.

   Nebenrechnungen:

6. Unterbreiten Sie dem Vorstand einen begründeten Vorschlag, für welche Darlehensform sich die Ulmer Büromöbel AG unter folgender Annahme entscheiden sollte:

   Abgesehen von der kurzfristigen Bindung der finanziellen Mittel für die Rückzahlung der Lieferantenkredite verfügt die Ulmer Büromöbel AG grundsätzlich über genügend liquide Mittel.

7 Arten der Kreditfinanzierung vergleichen

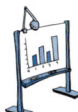 **Material 2:**

① **Fälligkeitsdarlehen (Festdarlehen)**

Jahr	Darlehen Jahresanfang	Darlehen Jahresende	Tilgung	Zinsen	Geldmittel-abfluss
1					
2					
3					
4					
5					
		Summe			

② **Abzahlungsdarlehen (Ratendarlehen)**

Jahr	Darlehen Jahresanfang	Darlehen Jahresende	Tilgung	Zinsen	Geldmittel-abfluss
1					
2					
3					
4					
5					
		Summe			

③ **Annuitätendarlehen**

Jahr	Darlehen Jahresanfang	Darlehen Jahresende	Tilgung	Zinsen	Geldmittelabfluss (Annuität)
1					
2					
3					
4					
5					
		Summe			

© MERKUR VERLAG RINTELN

8 Darlehensfinanzierung mit Leasingfinanzierung vergleichen

Situation:

Die Ulmer Büromöbel AG möchte in eine neue Fräsmaschine für die Holzbearbeitung investieren. Die Anschaffungskosten betragen 90 000,00 EUR. Die Maschine hat eine betriebsgewöhnliche Nutzungsdauer von 6 Jahren und wird linear abgeschrieben.

Die Ulmer Büromöbel AG hat zwei Finanzierungsmöglichkeiten:

Alternative 1:

Kreditangebot der Commerzbank
- Darlehen in Höhe von 90 000,00 EUR
- Sollzinssatz 7 %
- Laufzeit 48 Monate
- Tilgung jeweils am Jahresende in gleichen Raten

Alternative 2:

Kreditangebot der Deutschen Leasing AG
- Grundmietzeit 48 Monate
- jährliche Leasingrate während der Grundmietzeit (zahlbar jeweils am Jahresende): 24 % der Anschaffungskosten
- jährliche Leasingrate nach Ablauf der Grundmietzeit (zahlbar jeweils am Jahresende): 17 % der Anschaffungskosten

Arbeitsaufträge:

1. Prüfen und begründen Sie, welche Art des Leasingvertrages hinsichtlich der Dauer der Leasingzeit vorliegt. Stellen Sie auch die entsprechenden Nachteile dar.

8 Darlehensfinanzierung mit Leasingfinanzierung vergleichen

2. Ermitteln Sie den Mittelabfluss und den Gesamtaufwand für beide Finanzierungsalternativen während der gesamten Nutzungsdauer. Begründen Sie anschließend, für welche Alternative sich die Ulmer Büromöbel AG entscheiden sollte. Verwenden Sie für Ihre Lösung nachfolgende Tabellen.

Alternative 1: Kreditangebot der Commerzbank (Hausbank)

Jahr	Darlehen Jahresanfang	Zinsen	Tilgung	Abschreibung	Mittelabfluss	Gesamtaufwand
1	90 000,00					
2						
3						
4						
5						
6						
Summe						

Alternative 2: Leasingangebot der Deutschen Leasing AG

Jahr	Mittelabfluss	Aufwand
1		
2		
3		
4		
5		
6		
Summe		

Entscheidung (mit Begründung):

3. Das Kreditangebot der Commerzbank ist auch als Annuitätendarlehen mit einem Sollzinssatz von 7 % möglich.

   Berechnen Sie den Mittelabfluss während der gesamten Nutzungsdauer, wenn der Kredit als Annuitätendarlehen nach vier Jahren vollständig getilgt sein soll.

   Erläutern Sie, welche Entscheidung die Ulmer Büromöbel AG treffen sollte.

   Hinweis: Der Annuitätenfaktor beträgt 0,295228.

Entscheidung (mit Begründung):

9 Kreditsicherheiten I – Bürgschaft und Sicherungsübereignung

Situation:

Die Holzwurm OHG, ein Lieferant der Ulmer Büromöbel AG aus dem benachbarten Ehingen, bittet die Sparkasse Ulm um ein Darlehensangebot zur Finanzierung zweier Kleintransporter. Das Beratungsgespräch führt Karl Gröger, Geschäftsführer der Holzwurm OHG, mit Tina Rambold von der Sparkasse Ulm. Das Kreditinstitut zieht die Bilanz der Holzwurm OHG des letzten Jahres heran.

Holzwurm OHG
Alfred-Nobel-Str. 17
89584 Ehingen

Aktiva	Bilanz der Holzwurm OHG zum 31.12.20..		Passiva
I. Anlagevermögen		**I. Eigenkapital**	425 000,00
1. Grundstücke und Bauten	750 000,00	**II. Fremdkapital**	
2. Maschinen	250 000,00	1. Verbindlichkeiten gegenüber	
3. Fuhrpark	175 000,00	Sparkasse Ulm	480 000,00
II. Umlaufvermögen		2. Verbindlichkeiten gegenüber	
1. Forderungen a. L. u. L.	95 000,00	Commerzbank Ulm	350 000,00
2. Kasse	7 500,00	3. Verbindlichkeiten a. L. u. L.	59 500,00
3. Guthaben bei Kreditinstituten	17 000,00		
4. Wertpapiere	20 000,00		
	1 314 500,00		1 314 500,00

Tina Rambold, Leiterin der Kreditabteilung der Sparkasse Ulm, weist Karl Gröger im Beratungsgespräch auf mögliche Risiken für die Bank bei der Kreditvergabe hin: *„Da es sich bei dem Kredit um insgesamt 115 000,00 EUR handelt und die Bilanz entsprechende Verbindlichkeiten aufweist, legen wir Wert auf eine Sicherung des Kredits."*

Arbeitsaufträge:

1. Begründen Sie, welche Kreditsicherheit für die zwei Kleintransporter infrage kommt.

....
Begründung:

2. Karl Gröger kann seinen Vater Anton Gröger, wohnhaft in der Parkstraße 15 in 89584 Ehingen, als Bürgen für die Holzwurm OHG (Alfred-Nobel-Str. 17, 89584 Ehingen) gewinnen. Der Höchstbetrag der Bürgschaft, den Anton Gröger eingehen möchte, beträgt 125 000,00 EUR.

   Stellen Sie die Rechtsbeziehungen zwischen den an einer Ausfallbürgschaft Beteiligten grafisch dar.

   Hinweis: Verwenden Sie hierzu die vorliegende Strukturskizze und die nachfolgenden Begriffe:

   Kreditvertrag, Bürge (Nebenschuldner), Vereinbarung, Hauptschuldner (Kreditnehmer), Hauptanspruch, Gläubiger (Bank), Bürgschaftsvertrag, Nebenanspruch.

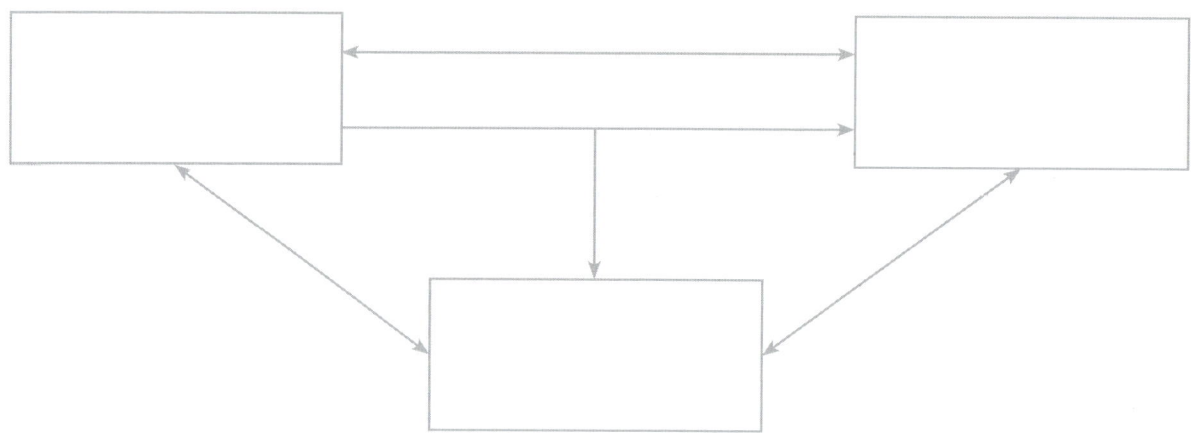

3. Unterscheiden Sie zwischen der Ausfallbürgschaft und der selbstschuldnerischen Bürgschaft.

Ausfallbürgschaft	Selbstschuldnerische Bürgschaft

9 Kreditsicherheiten I – Bürgschaft und Sicherungsübereignung

4. Begründen Sie, welche Art von Bürgschaft – Ausfallbürgschaft oder selbstschuldnerische Bürgschaft – für die Sparkasse Ulm und für Anton Gröger jeweils die bessere Alternative darstellt.

   ▶ Die bessere Alternative für die **Sparkasse Ulm** ist die _____,

   weil _____

   _____.

   ▶ Die bessere Alternative für **Anton Gröger** ist die _____, da _____

   _____

   _____.

5. Geben Sie eine begründete Einschätzung ab, welche Art von Bürgschaft in einem Bürgschaftsvertrag zwischen der Ulmer Sparkasse und Anton Gröger voraussichtlich verabredet würde.

6. Erläutern Sie, unter welchen Voraussetzungen eine Bürgschaft erlischt (5 Möglichkeiten).

   Eine Bürgschaft erlischt wenn,

   ▶ _____

   ▶ _____

   ▶ _____

   ▶ _____

   ▶ _____

7. Setzen Sie einen Bürgschaftsvertrag für eine selbstschuldnerische Bürgschaft zwischen Anton Gröger und der Sparkasse Ulm auf.

   Hinweis: Nutzen Sie hierfür auch das Internet zur Recherche.

Sparkasse Ulm

BÜRGSCHAFT

Ort, Datum — Unterschrift Auftraggeber — Unterschrift Sparkasse Ulm

9 Kreditsicherheiten I – Bürgschaft und Sicherungsübereignung

8. Prüfen Sie mithilfe des Bürgerlichen Gesetzbuches (BGB), welche Rechtsfolgen der Tod eines Bürgen hat.

   Hinweis: Nutzen Sie hierfür auch das Internet zur Recherche.

   Der Tod eines Bürgen beendet die Bürgschaft. ☐

   Der Tod eines Bürgen beendet die Bürgschaft **nicht**. ☐

Begründung (mit BGB-Paragrafen):

9. Anton Gröger ist das Risiko, gegebenenfalls als Bürge für den Kredit der Holzwurm OHG herangezogen werden zu können, doch zu hoch. Aus diesem Grund weigert er sich, den Bürgschaftsvertrag zu unterschreiben. Daraufhin erkundigt sich der Geschäftsführer Karl Gröger bei Tina Rambold von der Sparkasse Ulm nach anderen Kreditsicherheiten. Tina Rambold bringt die Möglichkeit der Sicherungsübereignung als Alternative ins Spiel.

   9.1 Stellen Sie in der nachfolgenden Tabelle jeweils zwei Vorteile und zwei Risiken der Sicherungsübereignung sowohl für die Sparkasse Ulm (Kreditgeber) als auch für die Holzwurm OHG (Kreditnehmer) gegenüber.

	Vorteile	Nachteile
Sparkasse Ulm		
Holzwurm OHG		

9.2 Erläutern Sie die Besitz- und Eigentumsverhältnisse beim Sicherungsübereignungsvertrag laut BGB.

9.3 Geben Sie für die nachfolgenden Positionen auf der Aktivseite der Bilanz an, welche Richtwerte als Beleihungsgrenze in der Praxis herangezogen werden.

Hinweis: Nutzen Sie hierfür auch das Internet zur Recherche.

Aktivaposten	Beleihungsgrenze
Fuhrpark	
(handelsübliche) Maschinen	
Spezialmaschinen und Sondereinrichtungen	
Handelswaren	
Rohstoffe	
(verderbliche) Waren	

10 Kreditsicherheiten II – Grundschuld

Situation:

Zur Finanzierung des Erwerbs ihrer Eigentumswohnung, Kaufpreis 235 000,00 EUR, benötigt die Mitarbeiterin der Ulmer Büromöbel AG, Frau Kathrin Schulz, ein langfristiges Darlehen in Höhe von 120 000,00 EUR.

Die Commerzbank Ulm ist bereit, ihr ein grundschuldgesichertes Annuitätendarlehen in der gewünschten Höhe zu gewähren.

Der Kredit wurde vereinbarungsgemäß abgewickelt:

05.06.20..	Vereinbarung der Kreditmodalitäten und Abschluss des Kreditvertrags mit schuldrechtlicher Sicherungsvereinbarung bei der Commerzbank Ulm.
12.06.20..	Auszahlung von 50 000,00 EUR zugunsten Notaranderkonto[1] zur Finanzierung der Anzahlung auf den Kaufpreis.
15.06.20..	Notarielle Einigung über die Grundbuchbestellung.
20.07.20..	Eintragung der Grundschuld im Grundbuch.
22.07.20..	Eintragungsbestätigung des Notars und Aushändigung des neuen Grundbuchauszugs und des Grundschuldbriefs an Kathrin Schulz.
24.07.20..	Übergabe des Grundschuldbriefs an die Commerzbank Ulm.
26.07.20..	Auszahlung der restlichen 70 000,00 EUR.

Der notariellen Urkunde über die Grundschuldbestellung sind folgende Textpassagen entnommen:

1. Die Grundschuld ist von heute an mit 16 % jährlich zu verzinsen.
2. Ferner wird eine einmalige Nebenleistung von 4 % des Grundschuldbetrags geschuldet.
3. Die Grundschuld und die Nebenschuld sind fällig.
4. Wegen der Grundschuldbestellung, der Nebenleistung und der Zinsen unterwirft sich der Besteller der sofortigen Zwangsvollstreckung in den belasteten Grundbesitz. Der Besteller bewilligt und beantragt die Eintragung dieser Unterwerfungsklausel in das Grundbuch.
5. Zugleich übernimmt Kathrin Schulz für die Zahlung eines Geldbetrags in Höhe des Grundschuldbetrags, der einmaligen Nebenleistung von 4 % und der jährlichen Zinsen in Höhe von 16 % die persönliche Haftung. Sie unterwirft sich insoweit der sofortigen Zwangsvollstreckung aus dieser Urkunde in ihr gesamtes Vermögen.

Zusatzinformation:

Ein Grundbuch gliedert sich wie folgt:

Deckblatt	Bestandsverzeichnis	Abteilung I	Abteilung II	Abteilung III
enthält u. a.: 1. Amtsgericht 2. Grundbuchbezirk 3. Blatt-Nummer 4. evtl. Umschreibungs- bzw. Schließungsvermerk	enthält u. a.: 1. Grundstückskennzeichnung: Flur x, Flurstück xxx, … 2. Mit dem Grundstück verbundene Rechte: Wegerecht, …	enthält u. a.: 1. Eintragung des oder der Eigentümer 2. Eintragungsgrundlage (z. B. Auflassung, Erbfolge)	enthält u. a.: 1. Lasten und Beschränkungen (außer Grundpfandrechte) – Dauerwohnrechte – Vorkaufsrechte – Nießbrauch – Erbbaurechte – Reallasten	enthält u. a.: Grundpfandrechte, z. B.: – Grundschulden – Rentenschulden (Betrag, Zinssatz, Gläubiger, Bedingungen, etc.)

---

[1] Ein Notaranderkonto ist ein vom Notar für Käufer und Verkäufer treuhänderisch geführtes Konto.

Arbeitsaufträge:

1. Prüfen Sie, an welchem Tag

    1.1 die Grundschuld entstanden ist.

    1.2 die Commerzbank Ulm die Grundschuld erworben hat.

2. Erläutern Sie, wie Kathrin Schulz auch nach der Rückzahlung des Kredits die grundpfandrechtliche Sicherheit für künftige Kredite erhalten bleiben kann.

3. Beschreiben Sie, welche Möglichkeiten die Commerzbank Ulm hat, falls Kathrin Schulz den Kredit nicht mehr bedienen kann.

10 Kreditsicherheiten II – Grundschuld

4. Erläutern Sie **drei wesentliche Vorteile** der Kreditsicherheit Grundschuld für den Kreditgeber Commerzbank Ulm.

   ➤

   ➤

   ➤

5. Stellen Sie die Gemeinsamkeiten und Unterschiede von Grundschuld und Hypothek gegenüber. Achten Sie darauf, dass folgende Fachbegriffe bei Ihren Überlegungen vorkommen:

   Akzessorietät, Grundbuch – Abteilung III, Eigentümerhypothek, Eigentümergrundschuld

   Hinweis: Nutzen Sie hierfür das Internet zur Recherche.

B. STEUERUNG UND KONTROLLE

KOMPETENZBEREICH 1: DOKUMENTATION DER WERTSCHÖPFUNGSPROZESSE

StuK-Buch Kap. 1.1

1 Vollkostenrechnung und Teilkostenrechnung vergleichen

Situation:

Die Geschäftsleitung der Ulmer Büromöbel AG vermutet, dass die Produktion der Schreibtischlampe „Standard" mit Verlust verbunden ist. Sie möchte deshalb herausfinden, ob sie nicht besser die Produktion der Schreibtischlampe einstellen sollte.

Am Ende eines Rechnungsabschnitts stehen folgende Zahlen zur Verfügung:

Einzelkosten	Schreibtischlampe „Standard"	Schreibtischlampe „Deluxe"
Verbrauch von Fertigungsmaterial	25 000,00 EUR	45 000,00 EUR
Fertigungslöhne	35 000,00 EUR	70 000,00 EUR
Sondereinzelkosten des Vertriebs	5 000,00 EUR	–

Gemeinkosten	fix	variabel
Materialstelle	2 000,00 EUR	1 500,00 EUR
Fertigungsstelle Schreibtischlampe „Standard"	18 000,00 EUR	14 000,00 EUR
Fertigungsstelle Schreibtischlampe „Deluxe"	53 000,00 EUR	35 000,00 EUR
Verwaltungs- und Vertriebsstelle	25 000,00 EUR	–

Hergestellt wurden 2 100 Schreibtischlampen „Standard", die zu 55,00 EUR/Stück, und 3 500 Schreibtischlampen „Deluxe", die zu 85,00 EUR/Stück verkauft wurden. Auf beide Produkte wurden 15 % Rabatt gewährt.

Arbeitsaufträge:

1. Zeigen Sie mithilfe der Vollkostenrechnung, ob die Vermutung der Geschäftsleitung bezüglich der Schreibtischlampe „Standard" zutrifft.

   Kalkulieren Sie mit einem Materialgemeinkostenzuschlagssatz von 5 % und einem Verwaltungs- und Vertriebsgemeinkostenzuschlagssatz von 8 %.

Ergebnis bei Vollkostenrechnung	
Verbrauch von Fertigungsmaterial	
MGK 5 %	
Fertigungslöhne	
FGK ( )	
= Herstellkosten	
VerwGK/VertrGK 8 %	
SEK des Vertriebs	
= Selbstkosten	

1 Vollkostenrechnung und Teilkostenrechnung vergleichen

	Bruttoverkaufserlöse	
	15 % Rabatt	
=	Nettoverkaufserlöse	
	Selbstkosten	
=	**Gewinn/Verlust**	

2. Stellen Sie eine Deckungsbeitragsrechnung für beide Produkte auf.

   Verteilen Sie die variablen Materialgemeinkosten auf die Produkte Schreibtischlampe „Standard" und Schreibtischlampe „Deluxe" im Verhältnis 1 : 2.

Ergebnis bei Teilkostenrechnung		
	Schreibtischlampe „Standard"	Schreibtischlampe „Deluxe"
Bruttoverkaufserlöse		
15 % Rabatt		
= Nettoverkaufserlöse		
Variable Kosten		
Sondereinzelkosten des Vertriebs		
Verbrauch von Fertigungsmaterial		
Fertigungslöhne		
Materialgemeinkosten variabel		
Fertigungsgemeinkosten variabel		
= **Deckungsbeitrag**		

3. Begründen Sie, ob die Ulmer Büromöbel AG die Produktion der Schreibtischlampe „Standard" einstellen sollte. Ziehen Sie zur Lösung der Aufgabe Ihre Ergebnisse aus den Arbeitsaufträgen 1 und 2 heran.

   _____

   _____

   _____

   _____

   _____

4. Erläutern Sie, was man unter einem Deckungsbeitrag versteht.

Deckungsbeitrag	

StuK-Buch Kap. 1.2

2 Deckungsbeitrag berechnen – Teil 1

Situation:

Bei der Ulmer Büromöbel AG sind für das vierte Quartal des vergangenen Geschäftsjahres folgende Kostenarten und Kostenhöhen bei der Warengruppe „Sichtblende" ermittelt worden:

Kostenart	Betrag in EUR
Gehälter	143 790,00
Abschreibungen auf Sachanlagen	34 236,00
Frachtkosten	10 500,00
Mietaufwendungen	8 700,00
Gebühren	3 300,00
Zinsaufwendungen	40 260,00
Verpackungskosten	5 550,00

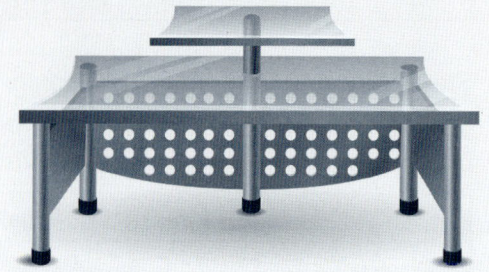

Der Listenverkaufspreis beträgt 79,00 EUR je Sichtblende. Der Verlauf der variablen Kosten wird als proportional angenommen.

Absatzmengen der Warengruppe „Sichtblende" im vergangenen Geschäftsjahr:

Zeitraum	Absatzmengen in Stück
1. Quartal	2 800
2. Quartal	3 200
3. Quartal	3 500
4. Quartal	3 000

Arbeitsaufträge:

1. Entscheiden Sie bei den aufgeführten Kostenarten, ob es sich um variable oder fixe Kosten handelt. Tragen Sie Ihre Entscheidung in die folgende Tabelle ein.

Kostenart	Betrag in EUR	fix/variabel
Gehälter	143 790,00	
Abschreibungen auf Sachanlagen	34 236,00	
Frachtkosten	10 500,00	
Mietaufwendungen	8 700,00	
Gebühren	3 300,00	
Zinsaufwendungen	40 260,00	
Verpackungskosten	5 550,00	

2. Berechnen Sie die variablen Kosten je Sichtblende für das 4. Quartal. Da der Kostenverlauf der variablen Kosten proportional ist, gilt der errechnete Betrag auch für die ersten drei Quartale.

Variable Kosten je Sichtblende = ———————————— = ——————

2 Deckungsbeitrag berechnen – Teil 1

3. Ermitteln Sie den Betriebsgewinn bzw. den Betriebsverlust der Ulmer Büromöbel AG für die vier Quartale des vergangenen Geschäftsjahres.

	1. Quartal (in EUR)	2. Quartal (in EUR)	3. Quartal (in EUR)	4. Quartal (in EUR)
Verkaufserlöse				
Variable Kosten				
= Zwischensumme				
Fixe Kosten				
= **Betriebsgewinn/-verlust**				

4. Geben Sie die Stückkosten für die vier Quartale des vergangenen Geschäftsjahres an.

	1. Quartal (in EUR)	2. Quartal (in EUR)	3. Quartal (in EUR)	4. Quartal (in EUR)
Variable Kosten je Sichtblende				
Fixe Kosten je Sichtblende				
= **Kosten je Sichtblende gesamt**				

5. Stellen Sie die Grundidee der Deckungsbeitragsrechnung dar.

StuK-Buch Kap. 1.2

3 Deckungsbeitrag berechnen – Teil 2

Situation:

Die Laupheimer Metallwaren AG als Zulieferer der Ulmer Büromöbel AG stellt verschiedene Kleinteile (Beschläge, Schlösser usw.) her. In der letzten Abrechnungsperiode ergaben sich neben den Fixkosten in Höhe von 157 570,00 EUR folgende Eurowerte:

Erzeugnis	Absatz in Stück	Nettoverkaufspreis/ Stück (EUR)	Variable Kosten/ Stück (EUR)	Deckungsbeitrag/ Stück (EUR)	Nettoverkaufserlöse gesamt (EUR)	Variable Kosten gesamt (EUR)
A	7 000	9,20	5,00	4,20	64 400,00	35 000,00
B	10 300	6,00	4,20	1,80	61 800,00	43 260,00
C	12 500	8,30	3,80	4,50	103 750,00	47 500,00
D	9 200	10,10	5,30	4,80	92 920,00	48 760,00
E	6 200	8,20	4,30	3,90	50 840,00	26 660,00
F	4 200	12,30	7,10	5,20	51 660,00	29 820,00

Arbeitsaufträge:

1. Berechnen Sie den gesamten Deckungsbeitrag in Euro und in Prozent auf die Nettoverkaufserlöse und erläutern Sie die Aussagekraft des berechneten Prozentsatzes.

   Nettoverkaufserlöse insgesamt _____

   Variable Kosten insgesamt _____

   = **Deckungsbeiträge (gesamt)**

   Ergebnis: _____

2. Berechnen Sie, bei welchem Umsatzrückgang das Unternehmen bei sonst gleichen Bedingungen keinen Gewinn mehr erzielt.

   Nettoverkaufserlöse insgesamt _____

   Kosten insgesamt (_____) _____

   = **Gewinn/Verlust**

   Ergebnis: _____

4 Break-even-Point rechnerisch und grafisch ermitteln

StuK-Buch Kap. 1 (fakultativ)

Situation:

Die Ulmer Büromöbel AG verkauft das kleine Büroregal „Standard" zu einem Preis von 80,00 EUR. Bei vollkommener Ausnutzung der Kapazität können insgesamt 500 Büroregale „Standard" produziert werden. Die Produktion erfolgt nur nach Bestellung. Die Kostenstruktur verläuft linear.

Die Fixkosten betragen 10 000,00 EUR/Monat. Die variablen Stückkosten betragen konstant 40,00 EUR.

Arbeitsaufträge:

1. Ergänzen Sie die folgende Tabelle.

Menge x	Gesamtkosten			Stückkosten			Gesamt-erlös E	Gesamt-	
	K_{fix}	K_v	K	k_{fix}	k_v	k		gewinn	verlust
100									
200									
300									
400									
500									

2. Berechnen Sie die Gewinnschwelle (Break-even-Point).

3. Ermitteln Sie, bei welcher Produktionsmenge ein Gewinn von 3 520,00 EUR erzielt wird.

4. Stellen Sie die Gewinnschwelle für das Büroregal „Standard" grafisch dar.

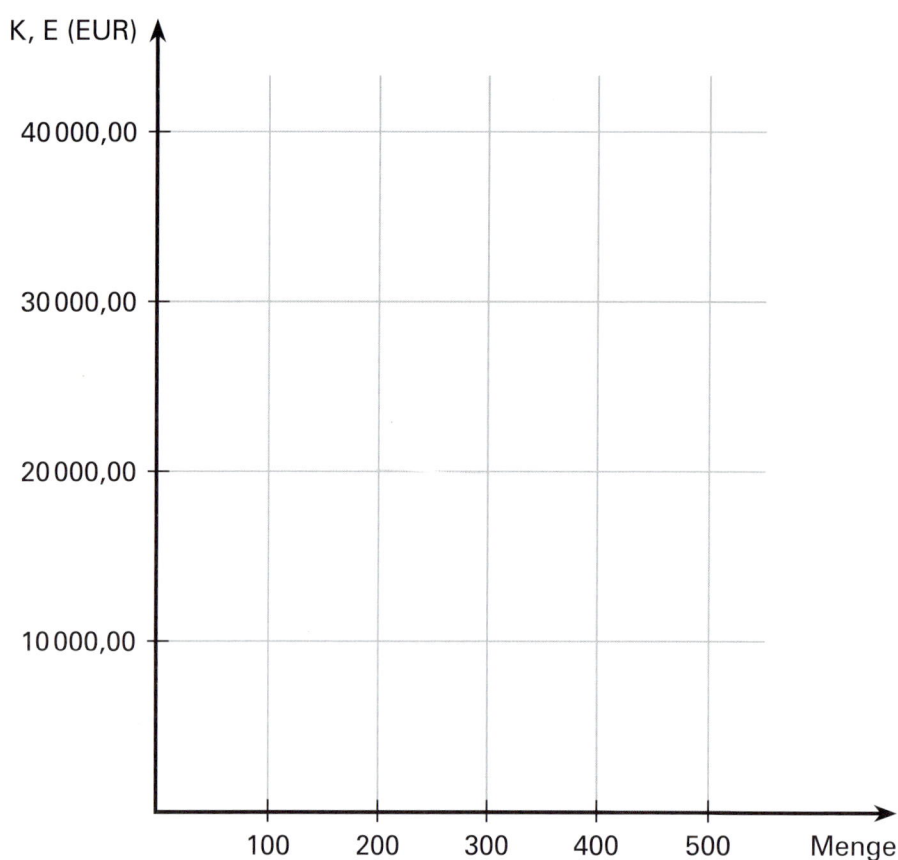

5 Preisuntergrenze bestimmen

StuK-Buch Kap. 1.3

Situation:

Der Vertreter Stefan Dreßen von der Ulmer Büromöbel AG betritt ganz aufgeregt das Büro von Vorstandsmitglied Achim Abt.

Stefan Dreßen wendet sich sofort an Achim Abt mit den Worten: *„Also nun muss endlich etwas passieren. Im Absatzgebiet 3, das ich seit geraumer Zeit betreue, gibt es zunehmend Probleme damit, dass unsere Kunden die angebotenen Preise nicht mehr akzeptieren. Erst Montag hat mir die Stuckenberg KG unmissverständlich mitgeteilt, dass sie sich einen anderen Anbieter suchen wird, falls wir bei den Angebotspreisen nicht mehr Entgegenkommen zeigen. Ich brauche deshalb unbedingt mehr Handlungsspielraum, um gerade solchen Kunden bessere Preise anbieten zu können."*

Achim Abt beruhigt den sichtlich aufgebrachten Herrn Dreßen und sichert ihm zu, dass er bis Ende der Woche neue Vorgaben des Vorstandes erhalte. Mit dieser Auskunft gibt sich Stefan Dreßen zunächst zufrieden und verabschiedet sich zu einem weiteren Kundengespräch. Achim Abt bittet seine Mitarbeiterin Lisa Fischer, ihm die Unterlagen über das Absatzgebiet 3 und die Warengruppen von Stefan Dreßen zu besorgen. Mit den Worten: *„Na, da müssen wir ja wohl mal die Preisuntergrenzen berechnen und Herrn Dreßen Vorgaben im Hinblick auf ein Deckungssoll machen"*, verabredet sich Achim Abt mit Lisa Fischer für den Nachmittag, um genau diese Arbeiten zu erledigen.

Arbeitsaufträge:

1. Informieren Sie sich in Ihrem Schulbuch über die Berechnung und die Bedeutung von Preisuntergrenzen.

Notizen zur Bedeutung und Berechnung von Preisuntergrenzen

2. Eine Warengruppe, die Stefan Dreßen vertritt, sind Papierkörbe aus Metall. Zurzeit können 2 000 Papierkörbe hergestellt werden.

Für die Berechnung der Preisuntergrenzen für das Programm „Metall-Papierkörbe" liegen Achim Abt und Lisa Fischer die folgenden Zahlen aus der Kostenrechnung vor:

> Die Gesamtkosten im Monat Juni betragen 28 920,00 EUR, die variablen Stückkosten sind mit 9,20 EUR je Stück angegeben. Alle 2 000 Stück wurden am Markt zu einem Nettoverkaufserlös von 20,20 EUR/Stück abgesetzt.

2.1 Berechnen Sie die Fixkosten.

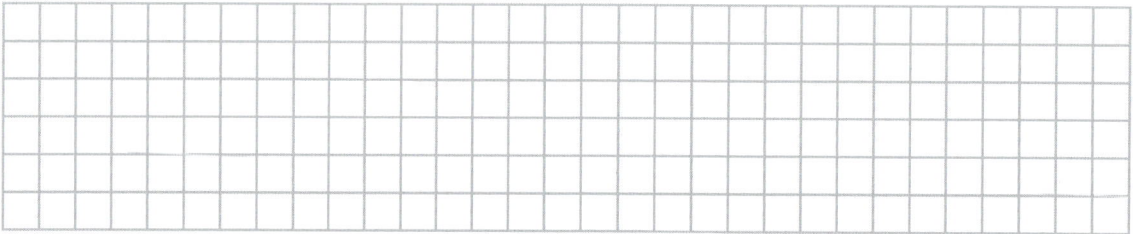

2.2 Ermitteln Sie das Betriebsergebnis für den Monat Juni.

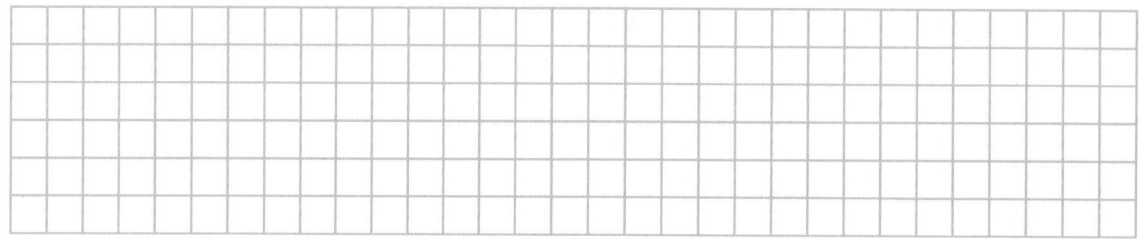

2.3 Bestimmen Sie den Deckungsbeitrag je Stück.

2.4 Weisen Sie nach, bei welchem Euro-Betrag die absolute Preisuntergrenze liegt.

2.5 Stellen Sie fest, bei welchem Euro-Betrag die langfristige Preisuntergrenze liegt.

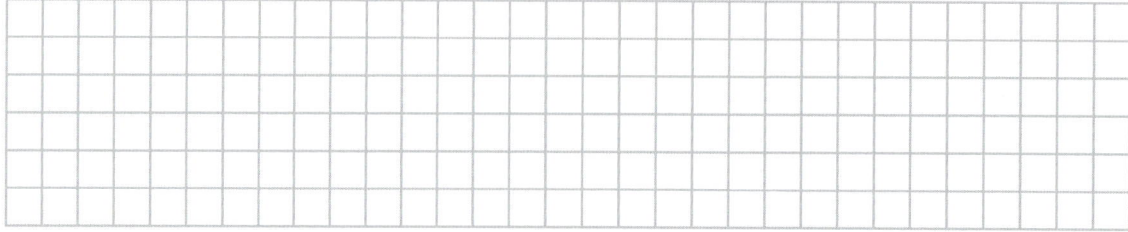

6 Über die Annahme eines Zusatzauftrages entscheiden

StuK-Buch
Kap. 1.4

Situation:

Die Ulmer Büromöbel AG produziert im neu gebauten Werk II ausschließlich das Sideboard „Deluxe". Die Kapazitätsgrenze liegt bei 1 250 Stück pro Monat. Der Verkaufspreis beträgt 1 200,00 EUR je Stück.

Für das erste Quartal dieses Jahres liegt folgende Kostenstruktur vor:

Monat	Produzierte Menge in Stück	Gesamtkosten
Januar	600	770 000,00 EUR
Februar	900	980 000,00 EUR
März	1 050	?

Es liegt ein linearer Kosten- und Erlösverlauf vor.

Arbeitsaufträge:

1. Berechnen Sie die variablen Stückkosten sowie die monatlichen Fixkosten.

2. Ermitteln Sie die langfristige Preisuntergrenze eines Sideboards „Deluxe" bei Vollauslastung der Produktion.

3. Berechnen Sie das Betriebsergebnis des Werkes II im ersten Quartal.

	Erlöse in EUR	Kosten in EUR	Betriebsergebnis in EUR
Januar			
Februar			
März			
Summe			

© MERKUR VERLAG RINTELN

Kompetenzbereich 1: Dokumentation der Wertschöpfungsprozesse

 **Fortsetzung der Situation:**

Für den Monat April besteht die Möglichkeit, einen Auftrag über 200 Sideboards aus Österreich anzunehmen. Der Kunde verlangt jedoch einen Preisnachlass in Höhe von 35 % gegenüber dem üblichen Verkaufspreis. Daniel Sutter, Abteilungsleiter der Produktion, gibt zu bedenken, dass die Kapazität im Monat April bereits komplett ausgelastet sei. Die Kapazitätsgrenze kann allerdings kurzfristig um 200 Sideboards überschritten werden, falls auch samstags gearbeitet wird. Gemäß einer Betriebsvereinbarung erhalten dann die Arbeitnehmer für diese Mehrarbeit einen Lohnzuschlag von 30 %. Ohne diesen Zuschlag beträgt der Lohnanteil an den variablen Stückkosten 35,00 EUR.

4. Prüfen Sie mithilfe einer entsprechenden rechnerischen Lösung, wie sich eine Annahme des Zusatzauftrages aus Österreich auf das Betriebsergebnis auswirkt.

Ergebnis: _____

5. Erläutern Sie je zwei weitere Argumente, die für bzw. gegen die Annahme des Zusatzauftrages aus Österreich sprechen.

Für die Annahme des Zusatzauftrages ...	Gegen die Annahme des Zusatzauftrages ...

7 Produktionsprogramm optimieren

StuK-Buch Kap. 1.5

Situation:

Die Ulmer Büromöbel AG stellt in ihrem Hauptwerk in Ulm drei unterschiedliche Modelle von Rollcontainern her, nämlich „Standard", „Kompakt" und „Deluxe".

Diesbezüglich liegen folgende Daten vor:

Modelle	„Standard"	„Kompakt"	„Deluxe"
Verkaufspreis in EUR	125,00	150,00	210,00
Fertigungszeit in Minuten	80	50	100
Sonstige variable Stückkosten in EUR	50,00	70,00	120,00

Die Lohnkosten je Fertigungsstunde betragen 40,00 EUR.

Arbeitsaufträge:

1. Ein Großhändler aus Karlsruhe bestellt insgesamt 1 000 Rollcontainer. Von jedem Typ verlangt er eine Mindestliefermenge von 200 Stück. Die Produktionskapazitäten der Ulmer Büromöbel AG sind zur Ausführung dieses Großauftrages ausreichend.

   Bestimmen Sie aus Sicht der Ulmer Büromöbel AG die optimale Zusammensetzung dieses Auftrages.

Modell	„Standard"	„Kompakt"	„Deluxe"
Verkaufspreis in EUR			
Fertigungszeit in Minuten			
Fertigungslohn in EUR pro Stück			
Sonstige variable Stückkosten in EUR			
Summe variable Stückkosten in EUR			
Absoluter Stückdeckungsbeitrag in EUR			
Ranking			

Nebenrechnungen:

Optimale Zusammensetzung des Auftrages	➤
	➤
	➤

2. Die Nachfrage nach Rollcontainern steigt, sodass von jedem Modell pro Monat 750 Stück abgesetzt werden könnten. Insgesamt stehen 2 500 Fertigungsstunden zur Verfügung.

   2.1 Ermitteln Sie die Engpasssituation.

Modell	„Standard"	„Kompakt"	„Deluxe"	Summe
Fertigungszeit in Minuten				
Maximale Absatzmenge in Stück				
Fertigungsminuten gesamt				
Kapazität in Minuten				

   Ergebnis: _____

   2.2 Bestimmen Sie das optimale Produktionsprogramm.

Modell	„Standard"	„Kompakt"	„Deluxe"
Absoluter Stückdeckungsbeitrag in EUR			
Relativer Stückdeckungsbeitrag in Minuten			
Neues Ranking			
Optimales Produktionsprogramm in Stück			
Fertigungszeit in Minuten			

7 Produktionsprogramm optimieren

Fortsetzung der Situation:

Beim Rollcontainer „Standard" gibt es ein Konkurrenzunternehmen, welches erst vor Kurzem ein nahezu identisches Produkt auf den Markt gebracht hat. Das Konkurrenzunternehmen aus Norddeutschland unterbietet den bisherigen Verkaufspreis der Ulmer Büromöbel AG um 15 %.

Zur Vorbereitung einer Besprechung der Abteilungsleiterin Verkauf, Marisa Sigg, mit der Vorstandschaft der Ulmer Büromöbel AG, soll die Preisuntergrenze für den Rollcontainer „Standard" ermittelt werden.

3. Prüfen Sie, ob die Ulmer Büromöbel AG den Rollcontainer „Standard" ebenfalls zu dem Preis des Konkurrenzunternehmens aus Norddeutschland anbieten kann.

   Nebenrechnungen:

4. Erläutern Sie, weshalb die langfristige Preisuntergrenze im vorliegenden Fall (Fortsetzung der Situation) nicht berechnet werden kann.

StuK-Buch Kap. 2 (fakultativ)

8 Über Eigenfertigung und Fremdbezug entscheiden

Situation:

Bei einer Vorstandssitzung der Ulmer Büromöbel AG findet eine lebhafte Diskussion darüber statt, ob Teile der Produktion in den osteuropäischen oder sogar asiatischen Raum ausgelagert werden sollen.

Herr Heim: Ich habe unseren Abteilungsleiter Beschaffung, Herrn Walk, damit beauftragt, die Kostenstruktur für den Monitorhalter „Standard" genauer unter die Lupe zu nehmen.

Frau Sapel: Herr Heim, was genau versprechen Sie sich denn davon?

Herr Heim: Auch wir sind kaum noch in der Lage, mit der günstigen Kostenstruktur aus dem Ausland mithalten zu können. Gerade bei Produkten mit geringer Fertigungstiefe können wir preislich gesehen kaum noch mit der Konkurrenz mithalten.

Herr Abt: Kommt es uns denn billiger, wenn wir den Monitorhalter „Standard" nicht mehr in unserem Werk hier in Ulm, sondern im Ausland produzieren lassen? Meiner Meinung nach macht das nur Sinn, wenn wir mit dieser Maßnahme auch einen positiven Deckungsbeitrag erzielen können.

Herr Heim: Genau das, liebe Vorstandskollegen, gilt es nun herauszufinden ...

Zwischenzeitlich hat Herr Walk zusammen mit Herrn Rothacher von der Controlling-Abteilung wichtiges Datenmaterial bezüglich des Monitorhalters „Standard" zusammengetragen und in einer internen Mitteilung an Herrn Heim gesendet.

Interne Mitteilung

an:	Robert Heim (Vorstand)	**Abteilung:**	Beschaffung
von:	Georg Walk	**Datum:**	01.06.20..
		Zeichen:	wa

Daten zum Monitorhalter „Standard"

Verkaufserlös pro Stück	99,00 EUR
Durchschnittliche monatliche Produktions- und Absatzmenge	500 Stück
Proportional-variable Stückkosten	52,00 EUR
Fixkosten pro Monat im Bereich Monitorhalter	20 000,00 EUR
Kosten pro Monitorhalter bei Fremdbezug	75,00 EUR

Zusatzinfo:
Bei Fremdbezug können 60 % der Fixkosten im Bereich Monitorhalter eingespart werden.

Mit freundlichen Grüßen

Georg Walk

8 Über Eigenfertigung und Fremdbezug entscheiden

 **Arbeitsaufträge:**

1. Berechnen Sie das Betriebsergebnis für den Monitorhalter „Standard" sowohl bei Eigenfertigung als auch bei Fremdbezug. Geben Sie der Vorstandschaft der Ulmer Büromöbel AG auf Grundlage Ihrer Ergebnisse eine Handlungsempfehlung.

	Eigenfertigung	Fremdbezug
Verkaufserlös pro Stück		
Ø monatliche Produktions- und Absatzmenge		
Proportional-variable Stückkosten		
Fixkosten pro Monat		
Stückdeckungsbeitrag db		

	Eigenfertigung	Fremdbezug
Gesamtdeckungsbeitrag DB		
− Fixkosten		
= **Betriebsergebnis (Monat)**		

Handlungs-empfehlung:	

2. Frau Sapel lehnt Fremdbezug grundsätzlich ab. Erläutern Sie drei Vorwände, die Frau Sapel gegen den Fremdbezug vorbringen könnte.

Vorwand 1	
Vorwand 2	
Vorwand 3	

3. Berechnen und interpretieren Sie auf Basis Ihrer Ergebnisse aus Arbeitsauftrag 1 die Stückzahl, bei der Eigenproduktion und Fremdbezug Kosten in gleicher Höhe verursachen.

Interpretation des Ergebnisses

4. Veranschaulichen Sie Ihre Berechnungen aus Arbeitsauftrag 3 mit einer entsprechenden Grafik.

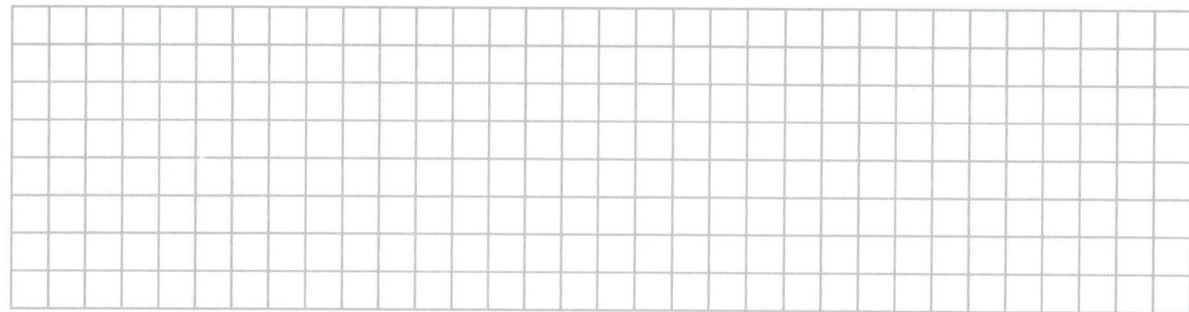

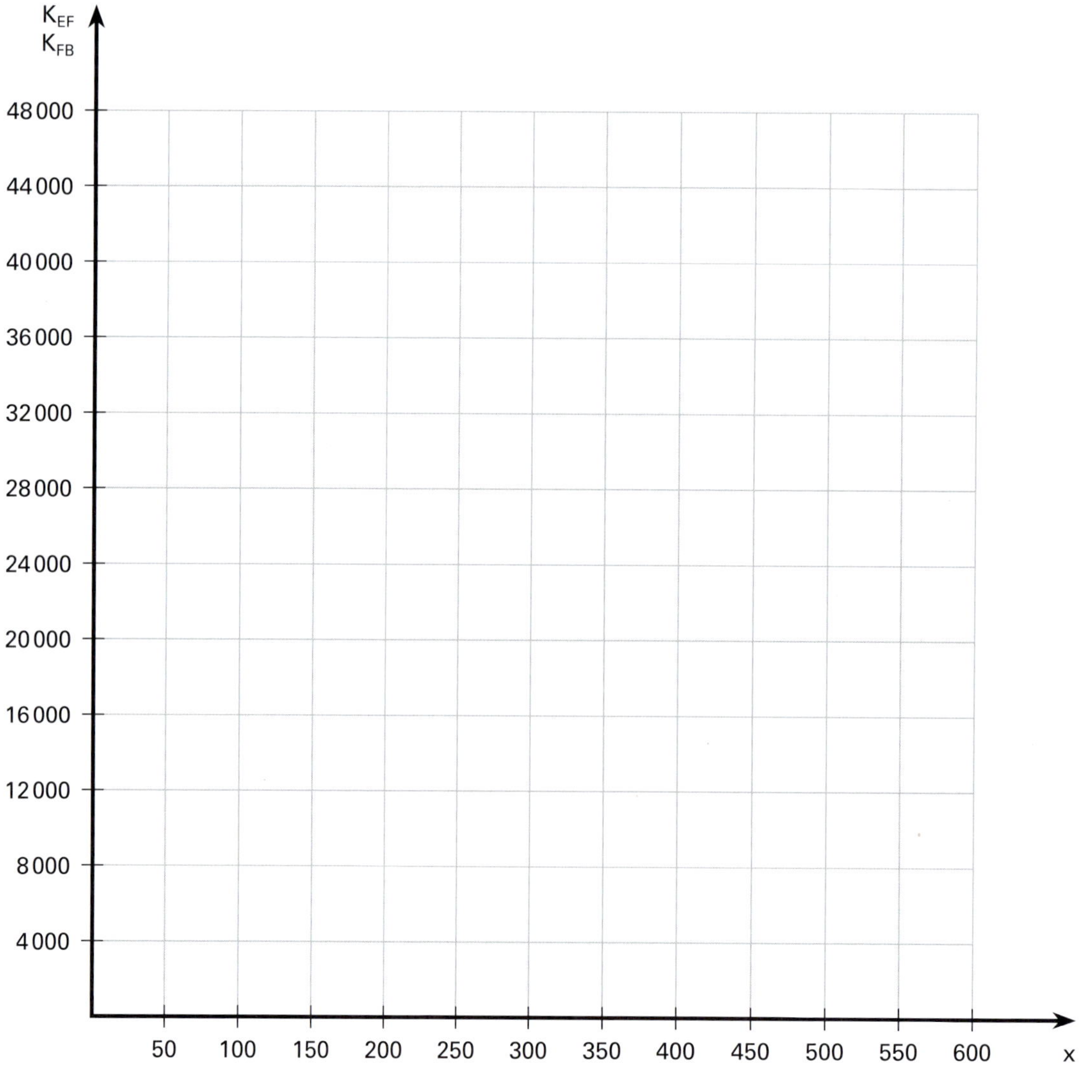

9 Zusammenfassende Übungsaufgaben

Hinweis:

Die nachfolgenden Übungsaufgaben verbinden unterschiedliche Themengebiete der Deckungsbeitragsrechnung. Sie sollen dazu beitragen, das Verständnis für die unterschiedlichen Anwendungsmöglichkeiten dieses Kostenrechnungssystems zu vertiefen. Die Ulmer Büromöbel AG bleibt hier außen vor.

StuK-Buch KB 1

Situation 1:

Eine feinmechanische Fabrik stellt u. a. die Produkte A, B und C her. Von Produkt A werden monatlich 300 Stück produziert und zum Stückpreis von 200,00 EUR verkauft. Die variablen Stückkosten betragen 110,00 EUR. Von Produkt B werden ebenfalls 300 Stück produziert und verkauft. Der Verkaufspreis beträgt 180,00 EUR, die variablen Stückkosten betragen 120,00 EUR. Von Produkt C werden 150 Stück verkauft zum Stückpreis von 160,00 EUR bei variablen Kosten von ebenfalls 160,00 EUR je Stück. Es muss sogar mit einem Preisrückgang beim Produkt C gerechnet werden. Wird das Produkt C jedoch aus dem Programm genommen, so führt dies zu einem Absatzrückgang von jeweils einem Drittel bei A und B.

Arbeitsaufträge:

1. Berechnen Sie, bis zu welchem Nettoverkaufserlös das Produkt C im Programm bleiben muss.

   Ergebnis **vor** Einstellung von C:

Produkt	Menge/Stück	DB/Stück	Gesamt-Deckungsbeitrag
A			
B			
C			

   Ergebnis **nach** Einstellung von C:

Produkt	Menge/Stück	DB/Stück	Gesamt-Deckungsbeitrag
A			
B			
C			

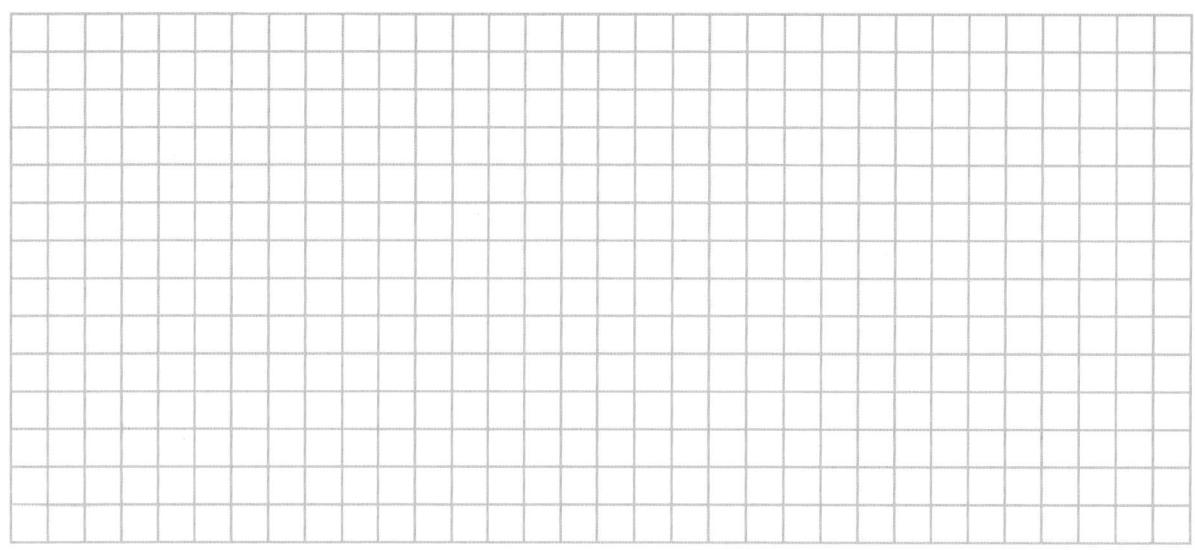

Ergebnis: Das Produkt C bleibt bis zu einem Nettoverkaufserlös in Höhe von _____ im Programm.

2. Ein Kunststoffteil für das Produkt A wird bei einer jährlichen Abnahme von 10 800 Stück zum Stückpreis von 3,00 EUR bezogen.

   Ermitteln Sie, bei welchem Jahresbedarf die Eigenproduktion rentabel wäre, wenn die variablen Stückkosten 0,60 EUR betragen und zusätzliche Fixkosten von 18 000,00 EUR entstehen.

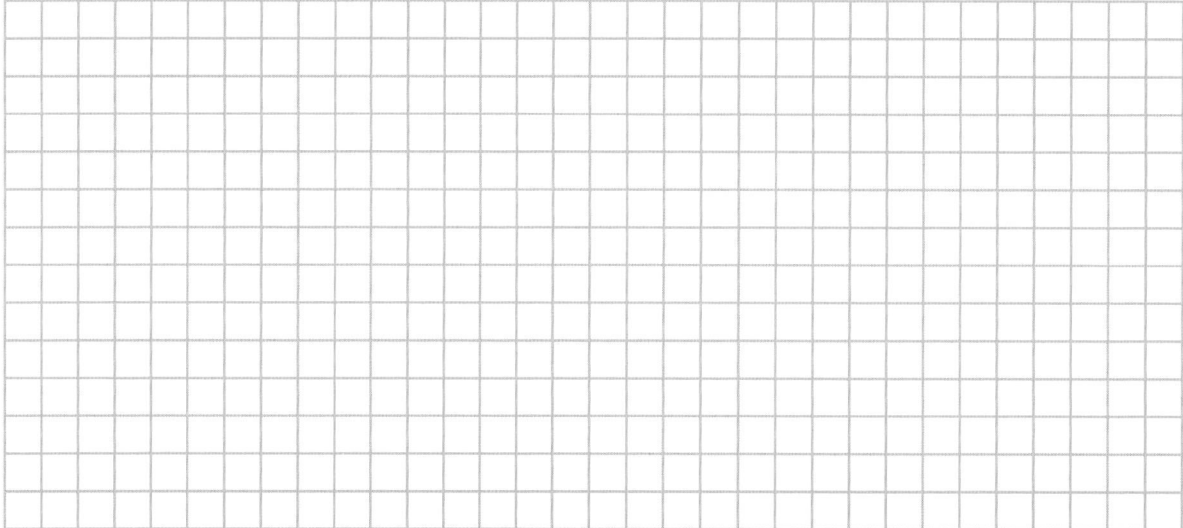

3. Ein Produkt D wird von einem Industriebetrieb für einen bestimmten Abnehmer hergestellt. Der Stückpreis beträgt 408,00 EUR. Die variablen Kosten betragen 264,00 EUR. In der Montageabteilung, die einen Engpass darstellt, hat D eine Verweildauer von 0,5 Stunden. Ein Konkurrent des bisherigen Abnehmers möchte diesen verdrängen. Er fordert allerdings einige konstruktive Veränderungen, wodurch sich die variablen Kosten um 12,00 EUR je Stück reduzieren würden. Die Verweildauer in der Montage würde auf 0,4 Stunden sinken.

   Berechnen Sie, welchen Stückpreis der neue Abnehmer bezahlen müsste, wenn das Ergebnis des Industriebetriebes mindestens so gut sein soll wie bisher.

9 Zusammenfassende Übungsaufgaben

Deckungsbeitrag von D:

    Nettoverkaufserlös/Stück _____

    Variable Kosten _____

= Deckungsbeitrag absolut   _____

Relativer Deckungsbeitrag   = absoluter Deckungsbeitrag : Produktionszeit

                               = _____ = _____

Absoluter Deckungsbeitrag   = relativer Deckungsbeitrag · Produktionszeit

                               = _____ · _____ = _____

D (neu):

    Stückpreis _____

    Variable Kosten (_____) _____

= Deckungsbeitrag   _____

Situation 2:

Die Biotest AG stellt Messgeräte aller Art her. Im Bereich Medizintechnik bietet das Unternehmen zwei Arten von Messgeräten (Typ A bzw. Typ B) an, die sich in ihrem Herstellverfahren jedoch stark unterscheiden. Insbesondere beim Typ A hat der Konkurrenzdruck stark zugenommen. Der Marktpreis liegt hier bei 1 250,00 EUR. Das gesamte Marktvolumen beträgt 10 000 Stück/Monat. Im Dezember lag der Marktanteil nur noch bei 5 %, die Fertigungskapazität hingegen bei 1 000 Stück/Monat.

Die Kostensituation für den Typ A stellte sich in den letzten 3 Monaten wie folgt dar:

Monat	Erzeugte und verkaufte Menge	Gesamtkosten
Oktober	900 Stück	900 000,00 EUR
November	700 Stück	800 000,00 EUR
Dezember	500 Stück	700 000,00 EUR

Arbeitsaufträge:

1. Ermitteln Sie rechnerisch die Fixkosten, die Nutzenschwelle (Break-even-Point) und das Gewinnmaximum.

2. Bestimmen Sie die lang- und kurzfristige Preisuntergrenze auf der Basis des Monats Dezember, und beurteilen Sie die Kostensituation der Biotest AG.

3. Erläutern Sie drei Maßnahmen, durch welche die Biotest AG aus eigener Kraft ihre Chancen am Markt verbessern könnte.

➤ _____
_____

➤ _____
_____

➤ _____
_____

9 Zusammenfassende Übungsaufgaben

Situation 3:

Eine Lebkuchenfabrik stellt in einem Zweigwerk drei Sorten Lebkuchen her (A, B und C). Für die vergangene Periode liegen folgende Zahlen vor:

Erzeugnis	Erzeugte und verkaufte Menge in kg	Nettoverkaufserlös in EUR je kg	Variable Kosten in EUR je kg
A	14 000	14,00	8,40
B	21 000	16,80	8,40
C	11 200	21,00	9,10

Die Fixkosten betrugen im gleichen Zeitraum 224 000,00 EUR.

Arbeitsaufträge:

1. Berechnen Sie die Deckungsbeiträge der drei Sorten sowie das Betriebsergebnis der vergangenen Rechnungsperiode.

	A	B	C	Summe
Nettoverkaufserlöse				
Variable Kosten				
Deckungsbeitrag				
Fixkosten				
= **Betriebsergebnis**				

2. Analysieren Sie das Ergebnis.

3. Ermitteln Sie, wie weit der Gesamterlös – bei gleichen Produktrelationen – zurückgehen könnte, bis kein Betriebsgewinn mehr entsteht.

4. Die Kostenstelle „Verpackung" stellt einen Engpass dar. Sie wird von den drei Produkten mit folgenden Zeiten beansprucht:

A: 2 Min./kg, B: 1,5 Min./kg, und C: 6 Min./kg.

Erläutern Sie, welche Bedeutung dies für die Disposition der Unternehmensleitung hat.

	A	B	C
DB/kg			
Min./kg			
DB/Min.			

1 Bilanz sowie Gewinn- und Verlustrechnung einer Kapitalgesellschaft erstellen

KOMPETENZBEREICH 2: BESONDERE GESCHÄFTSVORGÄNGE UND JAHRESABSCHLUSS

1 Bilanz sowie Gewinn- und Verlustrechnung einer Kapitalgesellschaft erstellen

StuK-Buch Kap. 1

Situation:

Die Holzschrauben Kling GmbH, ein Lieferant der Ulmer Büromöbel AG, hat die Vorarbeiten zum Jahresabschluss abgeschlossen. Jetzt steht noch die Aufstellung der Bilanz und der Gewinn- und Verlustrechnung an. Die Auszubildende Pia Tietgen, die gerade für 3 Monate in der Abteilung Rechnungswesen tätig ist, wird vom Abteilungsleiter Arno Best zur Mitarbeit aufgefordert.

Der Rechnungswesen-Abteilung liegen die folgenden Zahlen vor:

Konten	
Sachanlagen	12 800 000,00 EUR
Finanzanlagen	600 000,00 EUR
Flüssige Mittel	800 000,00 EUR
Roh-, Hilfs- und Betriebsstoffe	7 400 000,00 EUR
Forderungen aus Lieferungen und Leistungen	2 300 000,00 EUR
Stammkapital	9 000 000,00 EUR
Gewinnrücklagen	5 000 000,00 EUR
Verbindlichkeiten gegenüber Kreditinstituten	6 600 000,00 EUR
Sonstige Verbindlichkeiten	1 100 000,00 EUR
Verbindlichkeiten aus Lieferungen und Leistungen	2 200 000,00 EUR
Umsatzerlöse für eigene Erzeugnisse	18 390 000,00 EUR
Sonstige betriebliche Erträge	90 000,00 EUR
Verbrauch an Roh-, Hilfs- und Betriebsstoffen	6 200 000,00 EUR
Personalaufwand	5 600 000,00 EUR
Bilanzielle Abschreibungen	700 000,00 EUR
Sonstige betriebliche Aufwendungen	4 660 000,00 EUR
Steuern vom Einkommen und vom Ertrag	420 000,00 EUR
Sonstige Steuern	100 000,00 EUR

Arbeitsaufträge:

1. Informieren Sie sich in Ihrem Schulbuch, welche gesetzlichen Regelungen für die Aufstellung der Bilanz und der GuV-Rechnung der Holzschrauben Kling GmbH gelten.

2. Stellen Sie die Bilanz der Holzschrauben Kling GmbH auf.

Aktiva	Bilanz Holzschrauben Kling GmbH (in Mio. EUR)		Passiva
A. Anlagevermögen		**A. Eigenkapital**	
I. Sachanlagevermögen		I. Stammkapital	
II. Finanzanlagen		II. Gewinnrücklagen	
B. Umlaufvermögen		**B. Verbindlichkeiten**	
I. Vorräte		I. Verb. geg. Kreditinstituten	
II. Forderungen		II. Verb. a. Lief. u. Leist.	
III. Flüssige Mittel		III. Sonstige Verbindlichkeiten	

3. Erstellen Sie die GuV-Rechnung der Holzschrauben Kling GmbH und ermitteln Sie den Jahresüberschuss.

GuV (nach § 275 HGB; verkürzt)   in Mio. EUR

1. Umsatzerlöse
2. sonstige betriebliche Erträge
3. Materialaufwand
4. Personalaufwand
5. Abschreibungen
6. sonstige betriebliche Aufwendungen
7. Steuern vom Einkommen und vom Ertrag
8. Ergebnis nach Steuern
9. sonstige Steuern
10. Jahresüberschuss

4. Nennen Sie mindestens zwei Gründe, warum der Gesetzgeber zur Erfolgsermittlung Formvorschriften erlassen hat.

➤ _____

➤ _____

➤ _____

2 Die zeitliche Abgrenzung durchführen und buchen

Situation:

Der Auszubildende zum Industriekaufmann, Simon Fischer, verstärkt aktuell die Buchhaltungsabteilung von Frau Vollmar. Die gesamte Abteilung ist zurzeit mit der Erstellung des Jahresabschlusses beschäftigt. Dem Auszubildenden Simon Fischer liegt folgende interne Mitteilung seiner Vorgesetzten Frau Vollmar vor:

Interne Mitteilung

an:	Simon Fischer (Buchhaltung)	Abteilung:	Buchhaltung
von:	Anja Vollmar	Datum:	20.12.20..
		Zeichen:	vo

Sehr geehrter Herr Fischer,

prüfen Sie bitte, inwiefern nachfolgende Geschäftsvorfälle im Jahresabschluss der Ulmer Büromöbel AG intergriert werden müssen.

a) Die Ulmer Büromöbel AG überweist immer vorab am 01.10. die halbjährliche Miete von 2400,00 EUR für eine extern angemietete Lagerhalle per Banküberweisung.

b) Die Ulmer Büromöbel AG erhält am 01.12. die vierteljährlichen Mieterträge für eine Betriebswohnung von 900,00 EUR (Dezember, Januar, Februar) auf dem Bankkonto gutgeschrieben.

c) Die Ulmer Büromöbel AG überweist die Darlehenszinsen für ein halbes Jahr (Oktober – März) von 2000,00 EUR rückwirkend am 01.04. per Banküberweisung.

d) Die Ulmer Büromöbel AG erhält am 01.03. die vierteljährlichen Zinserträge von 300,00 EUR für die Monate Dezember, Januar und Februar auf dem Bankkonto gutgeschrieben.

Mit freundlichen Grüßen

Anja Vollmar

 **Arbeitsaufträge:**

1. Bilden Sie für alle Geschäftsvorfälle die Buchungssätze, dann die Korrekturbuchung zum 31.12. (falls nötig) und schließlich die Korrekturbuchung bzw. Buchung im neuen Geschäftsjahr.

   Hinweis: Geben Sie bei allen Buchungssätzen die Kontonummern an und tragen Sie Ihre vorgenommenen Buchungen in das Grundbuch ein.

a)

Grundbuch		
Buchungssatz		
Konten	Soll	Haben
Korrekturbuchung zum 31.12.		
Konten	Soll	Haben
Korrekturbuchung im neuen Geschäftsjahr		
Konten	Soll	Haben

b)

Grundbuch		
Buchungssatz		
Konten	Soll	Haben
Korrekturbuchung zum 31.12.		
Konten	Soll	Haben
Korrekturbuchung im neuen Geschäftsjahr		
Konten	Soll	Haben

2 Die zeitliche Abgrenzung durchführen und buchen

c)

Grundbuch		
aktueller Buchungssatz		
Konten	Soll	Haben
Buchung im neuen Geschäftsjahr		
Konten	Soll	Haben

d)

Grundbuch		
aktueller Buchungssatz		
Konten	Soll	Haben
Buchung im neuen Geschäftsjahr		
Konten	Soll	Haben

2. Stellen Sie die Geschäftsvorfälle a) – d) mithilfe eines Zeitstrahles übersichtlich dar.

a)

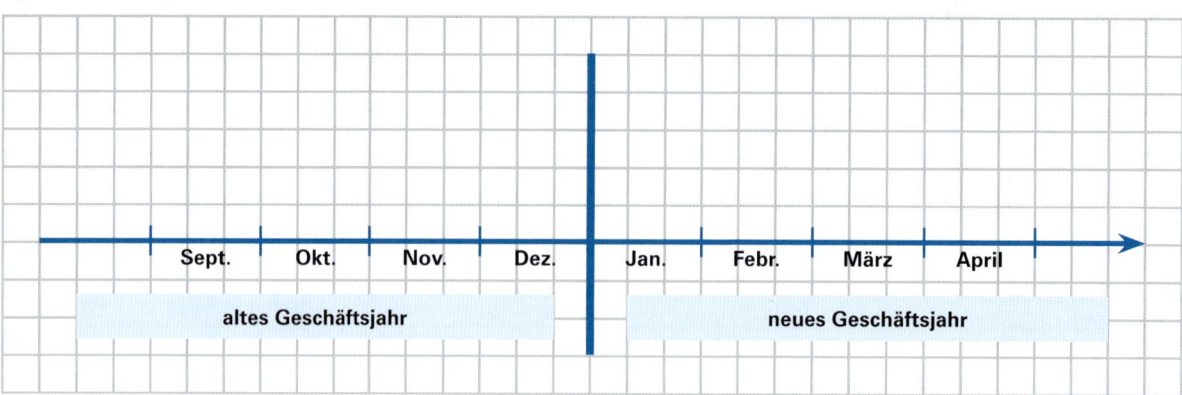

b)

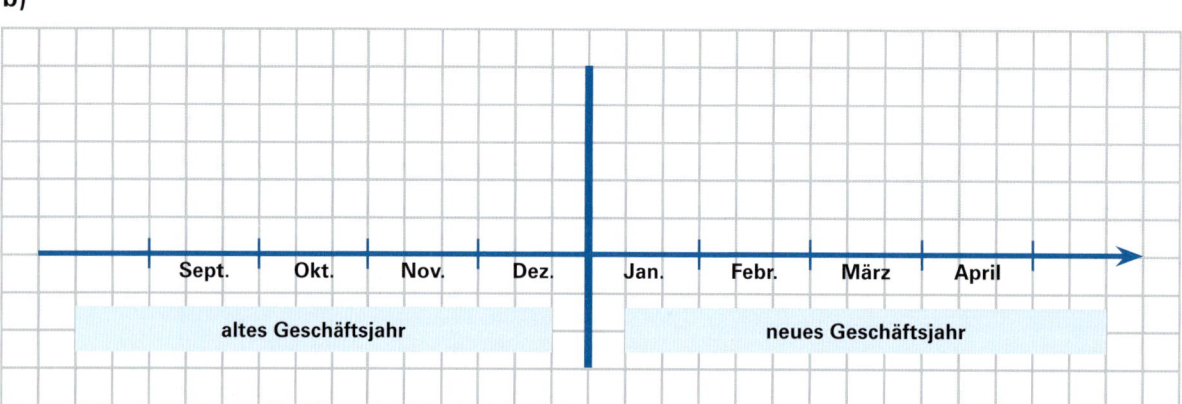

c)

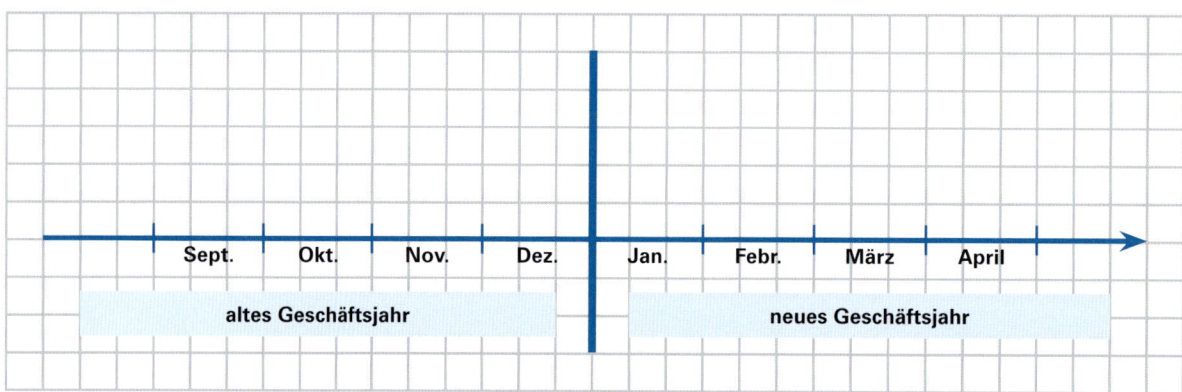

d)

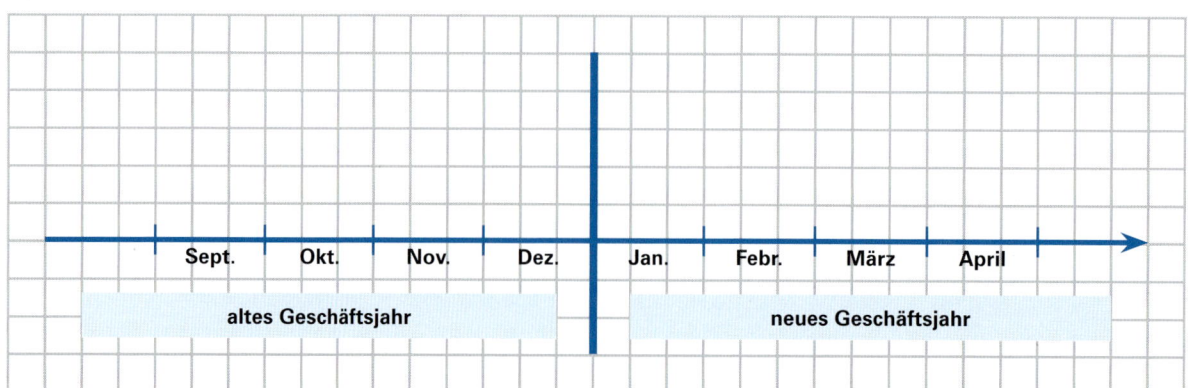

3. Erstellen Sie eine Übersicht zum Thema zeitliche Abgrenzung mithilfe der nachfolgend dargestellten Strukturvorlage:

   Hinweis: Nutzen Sie für die Bearbeitung folgende Begrifflichkeiten:

   Aktive Jahresabgrenzung – Ausgabe – laufenden Geschäftsjahr – Einnahme – Passive Jahresabgrenzung – Ertrag – Sonstige Forderungen – Aufwand – Ertrag – Einnahme – nächsten Geschäftsjahr – Sonstige Verbindlichkeiten – Ausgabe – Aufwand

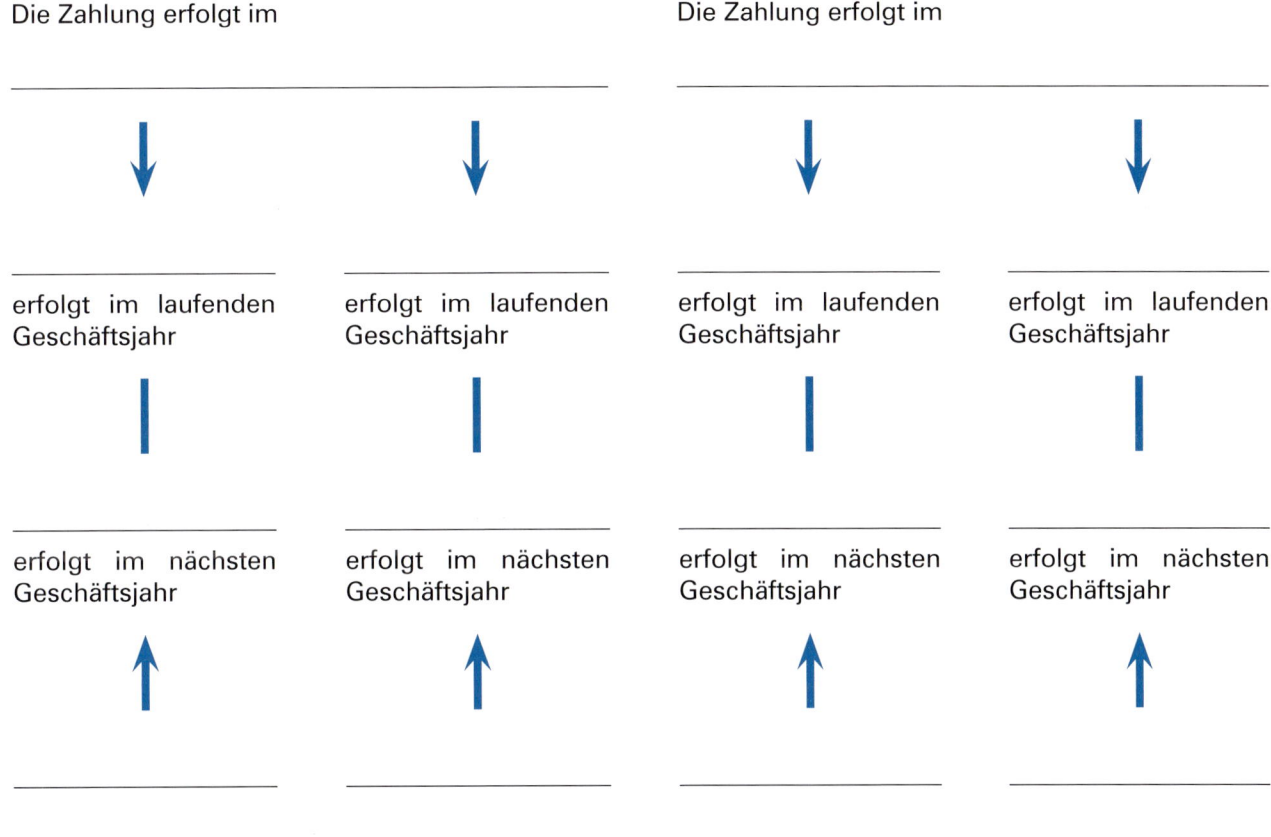

StuK-Buch Kap. 4.2 + 4.3

3 Anschaffungskosten ermitteln und Abschreibung durchführen

Situation:

Der Vertriebsmitarbeiter Hans Schneider, angestellt bei der Ulmer Büromöbel AG, erhält einen neuen Firmenwagen. Als er seiner Vorgesetzten Marisa Sigg, Abteilungsleiterin Verkauf, einige Schriftstücke zur Unterschrift auf den Schreibtisch legt, findet er dort eine Notiz mit dem Vermerk „Abschreibung für den neuen Pkw ausweisen".

Arbeitsaufträge:

1. Informieren Sie sich grundlegend über die Berechnung der Anschaffungskosten in Ihrem Schulbuch.

Notizen zur Berechnung der Anschaffungskosten

2. Buchen Sie die Anschaffung des neuen Pkw (Material 1) und den Rechnungsausgleich (Material 2) im folgenden Grundbuchauszug. Ermitteln Sie anschließend die Anschaffungskosten des Pkw.[1]

Buchung der Anschaffungskosten für den neuen Pkw (Material 1):

Konten	Soll	Haben

Rechnungsausgleich für den neuen Pkw (Material 2):

Konten	Soll	Haben

---

[1] Die Buchungen sind nicht Gegenstand des Bildungsplans. Sie dienen aber als Wiederholung des Kompetenzbereichs 1 „Grundlagen der Buchführung" aus dem BK I (Steuerung und Kontrolle).

3 Anschaffungskosten ermitteln und Abschreibung durchführen

Berechnung der Anschaffungskosten:

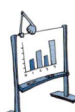 **Material 1: Rechnung**

Autohaus Schmidt GmbH

Autohaus Schmidt GmbH • Siemensstr. 5 • 80686 München

Ulmer Büromöbel AG
Industriepark 5
89073 Ulm

Geschäftsführer:
Hanna Schmidt, Peter Schulte
Sitz der Gesellschaft:
München
Handelsregister:
Amtsgericht München, HRB 15377
Finanzamt München
USt-ID-Nummer: 813114007
Bankverbindung:
Stadtsparkasse München
IBAN: DE28 7015 0000 0000 0100 44
BIC: SSKMDEMMXXX
Telefon
089 4783-00
Datum
05.04.20..

Rechnung Nr. 1055

Sehr geehrte Frau Sigg,

gemäß unseren Lieferungsbedingungen erhielten Sie heute von uns folgendes Fahrzeug:

1 Pkw, geschlossen, TDI, 103 KW, 6-Gang

einschließlich Überführungskosten und Zulassunsgebühren berechnen wir Ihnen dafür:

	Gesamtpreis
1 Pkw	30 781,84 EUR
Überführungskosten und Zulassungsgebühren	261,49 EUR
Rechnungsbetrag, netto	31 043,33 EUR
19 % Umsatzsteuer	5 898,23 EUR
Rechnungsbetrag, brutto	36 941,56 EUR

Wir erbitten die Zahlung innerhalb von 10 Tagen abzüglich 2 % Skonto oder innerhalb von 30 Tagen netto.

Bitte beachten Sie unsere Allgemeinen Geschäftsbedingungen.

Wir danken Ihnen für Ihren Auftrag und wünschen gute Fahrt. Bei Rückfragen wenden Sie sich bitte an Herrn Benschneider.

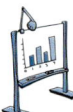

Material 2: Kontoauszug

3. Informieren Sie sich über Ursachen der Wertminderung und über das lineare Abschreibungsverfahren in Ihrem Schulbuch und im Internet.

   3.1 Erläutern Sie vier Ursachen für die Wertminderung von Anlagegütern.

Ursachen für die Wertminderung von Anlagegütern	

   3.2 Beschreiben Sie den Ablauf der linearen Abschreibungsmethode in eigenen Worten.

3 Anschaffungskosten ermitteln und Abschreibung durchführen

4. Führen Sie rechnerisch unter Zuhilfenahme der nachfolgenden Vorlage die Abschreibung für den neuen Pkw nach der linearen Methode bis zum Ende der Nutzungsdauer durch. Die Nutzungsdauer beträgt sechs Jahre.

Anschaffungskosten	
− Abschreibung 1. Jahr _____ _____	
= Buchwert am Ende des 1. Jahres	
− Abschreibung 2. Jahr	
= Buchwert am Ende des 2. Jahres	
− Abschreibung 3. Jahr	
= Buchwert am Ende des 3. Jahres	
− Abschreibung 4. Jahr	
= Buchwert am Ende des 4. Jahres	
− Abschreibung 5. Jahr	
= Buchwert am Ende des 5. Jahres	
− Abschreibung 6. Jahr	
= Buchwert am Ende des 6. Jahres	
− Abschreibung 7. Jahr _____	
= Buchwert am Ende des 7. Jahres	

5. Bilden Sie den Buchungssatz für die lineare Abschreibung des Pkw am Ende des ersten Jahres.[1]

Konten	Soll	Haben

6. Beschreiben Sie die Problematik der Bewertung, indem Sie die Auswirkungen der Bewertung auf den betrieblichen Erfolg des Unternehmens darstellen.

___

[1] Die Buchungen sind nicht Gegenstand des Bildungsplans. Sie dienen aber als Wiederholung des Kompetenzbereichs 1 „Grundlagen der Buchführung" aus dem BK I (Steuerung und Kontrolle).

StuK-Buch Kap. 4–4.3

4 Abnutzbares Anlagevermögen bewerten

Situation:

Die Ulmer Büromöbel AG hat zur Holzbearbeitung eine Hobelmaschine im Einsatz, die 32 130,00 EUR einschließlich 19 % USt gekostet hat. Mittlerweile ist die Maschine seit zwei Jahren im Einsatz, die betriebsgewöhnliche Nutzungsdauer wird mit 16 Jahren angegeben. Die Abschreibung erfolgt linear.

Arbeitsaufträge:

1. Ermitteln Sie den Wertansatz der Hobelmaschine am Ende des dritten Nutzungsjahres, wenn sich inzwischen aufgrund technischer Verbesserungen ein Marktpreis von 15 500,00 EUR für die drei Jahre alte Hobelmaschine ergeben hat. Begründen Sie Ihren Wertansatz.

```
   Anschaffungskosten (_____)       _____
 − Planmäßige Abschreibung                              _____
 = Fortgeführte Anschaffungskosten    1. Nutzungsjahr   _____
 − _____ Abschreibung
 = _____                2. Nutzungsjahr  _____
 − _____ Abschreibung                    _____
 − _____ Abschreibung
 = _____                3. Nutzungsjahr  _____
```

Begründung für den ermittelten Wertansatz:

_____

_____

2. Beschreiben Sie, welcher Grundsatz der Bewertung von Vermögen und Verbindlichkeiten zugrunde liegt.

_____

_____

_____

_____

3. Erläutern Sie, welche Bedeutung eine einheitliche Bewertung für die Gesellschafter und Gläubiger eines Unternehmens hat.

_____

_____

_____

_____

5 Nicht abnutzbares Anlagevermögen bewerten

StuK-Buch Kap. 4.4

Situation:

Für die Erstellung des Jahresabschlusses muss sich Anja Vollmar, Abteilungsleiterin Buchhaltung, mit der Bewertung eines im Laufe des Geschäftsjahres erworbenen Grundstücks am Hauptsitz in Ulm befassen.

Das Grundstück mit Produktionshalle wurde am 03.05.20.. für 1 500 000,00 EUR erworben. Die Notarkosten für den Kaufvertrag betrugen 6 000,00 EUR zuzüglich 19 % USt. Die Umschreibung des bebauten Grundstücks im Grundbuch kostete 2 000,00 EUR. Bis zum Bezug am 15.10.20.. fielen noch Umbauarbeiten an der Halle für 238 000,00 EUR einschließlich 19 % USt. an. Die Produktionshalle wurde erst zu diesem Zeitpunkt nutzungsfähig. Die Grunderwerbsteuer in Baden-Württemberg beträgt 5 %, die anteilige Grundsteuer für das laufende Jahr 1 200,00 EUR. Die Halle steht auf einem 2 500 m² großen Grundstück, dessen Verkehrswert bei 250,00 EUR je m² liegt.

Zur Finanzierung der Halle wurde Anfang Mai ein Ratendarlehen über 800 000,00 EUR bei der Sparkasse Ulm aufgenommen. Im aktuellen Jahr fielen dafür Zinsen von 20 000,00 EUR an. Die Sicherung des Darlehens erfolgte über eine erstrangige Grundschuld. Die Kosten für die Grundschuldeintragung betrugen 4 000,00 EUR.

Arbeitsaufträge:

1. Ermitteln Sie den Bilanzansatz für das bebaute Grundstück zum 31.12. d.J. bei einem Abschreibungssatz von 3 %.

	Bebautes Grundstück (in EUR)	Grundstück (in EUR)	Gebäude (in EUR)
Kaufpreis			
− Notarkosten			
− Grundbuchkosten			
− Grunderwerbsteuer (5 %)			
= Zwischensumme			
− Kosten Umbauarbeiten netto			
= Zwischensumme			
− Abschreibungen (3 %/3 Monate)			
= Zwischensumme			
− Grundstück			
= Bilanzansatz zum 31.12.20..			

2. Steigende Grundstückspreise werden den Wert des Grundstücks in den kommenden Jahren erhöhen.

   Begründen Sie mithilfe des Gesetzes, inwiefern sich dadurch in den nächsten Jahren Auswirkungen auf die Bilanz ergeben.

   _____
   _____
   _____
   _____
   _____

3. Berechnen Sie, in welcher Höhe im Zusammenhang mit dem bebauten Grundstück im laufenden Geschäftsjahr Aufwendungen entstanden sind.

	Aufwendungen in EUR
Grundsteuer	
= Gesamtaufwand	

4. Begründen Sie die Behandlung der Grundsteuer und der Grunderwerbsteuer in Ihren Berechnungen zu Arbeitsauftrag 1 und 3.

Grundsteuer	Grunderwerbsteuer

6 Forderungen bewerten

StuK-Buch Kap. 5

Situation:

Für nachfolgende Geschäftsvorfälle der Ulmer Büromöbel AG muss Mira Decker, Mitarbeiterin aus der Buchhaltungsabteilung, noch die abschließenden Buchungssätze vornehmen.

Arbeitsaufträge:

1. Der langjährige Kunde Berthold Bunkert e. Kfm. hat in letzter Zeit große Schwierigkeiten, seine Verbindlichkeiten gegenüber der Ulmer Büromöbel AG zu begleichen. Mittlerweile ist bekannt, dass das Amtsgericht Heilbronn am 05.04.20.. das Insolvenzverfahren gegenüber Herrn Bunkert eingeleitet hat.

   Die Restforderung gegenüber Berthold Bunkert e. Kfm. beläuft sich auf 10 115,00 EUR einschließlich 19 % USt. Am 20.12.20.. ist das Insolvenzverfahren endgültig abgeschlossen.

   Es besteht für die Ulmer Büromöbel AG keine Chance mehr, dass noch eine Zahlung erfolgt.

   1.1 Bilden Sie die entsprechenden Buchungssätze.

Grundbuch			
GV	Konten	Soll	Haben
05.04.			
20.12.			

   1.2 Am 30.12.20.. erhält die Ulmer Büromöbel AG überraschenderweise doch noch eine Zahlung über 1 000,00 EUR vom Insolvenzverwalter auf dem Bankkonto gutgeschrieben.

   Bilden Sie den Buchungssatz.

Grundbuch			
GV	Konten	Soll	Haben
30.12.			

2. Die Ulmer Büromöbel AG weist zum Jahresende einen Forderungsbestand von insgesamt 2 522 800,00 EUR auf. Die Controllingabteilung kalkuliert mit einer Ausfallquote von 2,5 %.

   2.1 Berechnen Sie die Höhe der pauschalen Wertberichtigung.

   2.2 Bilden Sie den entsprechenden Buchungssatz.

	Grundbuch		
GV	Konten	Soll	Haben
31. 12.			

7 Rückstellungen bewerten (Pensionsrückstellungen)

StuK-Buch Kap. 6

Situation:

Im Rahmen der betrieblichen Altersvorsorge spielen Pensionsrückstellungen eine immer wichtigere Rolle für Unternehmen. In den letzten Jahren hat sich die Bilanzposition „Pensionsrückstellungen" auch bei der Ulmer Büromöbel AG stetig erhöht und zwar auf 1 500 000,00 EUR für das aktuelle Geschäftsjahr. Mira Decker, Mitarbeiterin aus der Buchhaltungsabteilung, muss sich deshalb mit nachfolgenden Fragestellungen und den notwendigen Buchungen beschäftigen.

Arbeitsaufträge:

1. Beurteilen Sie die Problematik des aktuellen Niedrigzinsumfeldes für die Bewertung von Pensionsrückstellungen der Ulmer Büromöbel AG.

2. Die Ulmer Büromöbel AG bildet zum 31.12. d. J. die in der Situation beschriebene Pensionsrückstellung für ihre Beschäftigten. Die Restlaufzeit beträgt 15 Jahre und das Unternehmen macht vom Abzinsungswahlrecht keinen Gebrauch. Es wird pauschal mit 3,0 % abgezinst.

    2.1 Bilden Sie den entsprechenden Buchungssatz.

Grundbuch		
Konten	**Soll**	**Haben**

    2.2 Berechnen Sie den Barwert der Pensionszusage.

2.3 Bilden Sie den Buchungssatz für die Pensionszusage.

Grundbuch		
Konten	**Soll**	**Haben**

2.4 Ermitteln Sie den Barwert zum 31.12. des kommenden Geschäftsjahres.

8 Unternehmens- und Umweltkennzahlen ermitteln und analysieren

StuK-Buch Kap. 7 + 8

Situation:

Die Elektromotoren Jürgen Engel KG, ein Nachbarunternehmen im Ulmer Industriepark, hat die Bewertung des Vermögens und der Schulden erledigt und den Jahresabschluss erstellt. Für sie scheint es ein erfolgreiches Jahr gewesen zu sein, schließlich hat die KG doch einen guten Jahresüberschuss erwirtschaftet.

Elektromotoren Jürgen Engel KG
Industriepark 8
89073 Ulm

Der Ausweis des Jahresüberschusses genügt der Geschäftsleitung nicht. Sie ist der Ansicht, dass man erst nach Auswertung des aktuellen Jahresabschlusses zu einer gesicherten Meinung gelangen könne. Sie bittet daher die Controllingabteilung um eine Auswertung.

Für den kommenden Arbeitstag bittet der Abteilungsleiter Sven Erdmann daher um Mitarbeit bei der Aufbereitung des Jahresabschlusses und der Ermittlung der für die Elektromotoren Jürgen Engel KG wichtigen Bilanzkennziffern.

Am 31. Dezember 20.. weist die Elektromotoren Jürgen Engel KG folgende Bilanz sowie Gewinn- und Verlustrechnung aus:

Aktiva	Bilanz der Jürgen Engel KG zum 31. Dezember 20.. (in EUR)		Passiva
A. Anlagevermögen		**A. Eigenkapital**	
Grundstücke und Gebäude	2 853 500,00	Komplementärkapital	4 500 000,00
TA und Maschinen	611 850,00	Kommanditkapital	1 400 000,00
Fuhrpark	435 000,00	Gewinnrücklagen	2 037 000,00
Büromöbel und Geschäftsausst.	1 387 150,00	**B. Fremdkapital**	
B. Umlaufvermögen		Darlehensschulden	7 092 633,00
Roh-, Hilfs- und Betriebsstoffe	2 633 718,00	Verbindlichkeiten a. Lief. u. Leist.	3 804 728,00
Unfertige Erzeugnisse	986 000,00	Sonstige Verbindlichkeiten	1 087 654,00
Fertige Erzeugnisse	2 082 500,00		
Waren	3 015 330,00		
Forderungen	5 417 739,00		
Bank	463 358,00		
Kasse	35 870,00		
Summe Aktiva	**19 922 015,00**	**Summe Passiva**	**19 922 015,00**

Aufwendungen	GuV-Rechnung der Jürgen Engel KG zum 31. Dezember 20.. (in EUR)		Erträge
Aufwendungen für RHG	4 150 000,00	Umsatzerlöse	7 847 000,00
Aufwendungen für Löhne u. Gehälter	2 230 000,00		
Abschreibungen	720 000,00		
Aufwendungen für Kommunikation	31 000,00		
Betriebliche Steuern	55 000,00		
Zuführung zu langfr. Rückstellungen	51 000,00		
Zinsaufwendungen	215 000,00		
Jahresüberschuss	395 000,00		
	7 847 000,00		7 847 000,00

Kompetenzbereich 2: Besondere Geschäftsvorgänge und Jahresabschluss

 **Arbeitsaufträge:**

1. Erläutern Sie die Bedeutung eines Bilanzzeit- und Bilanzbetriebsvergleichs sowie die Voraussetzungen zur Berechnung von Bilanzkennziffern.

Bilanzzeitvergleich	
Bilanzbetriebsvergleich	
Voraussetzungen zur Berechnung von Bilanzkennziffern	

2. Bereiten Sie nach dem folgenden Muster die vorliegende Bilanz der Elektromotoren Jürgen Engel KG zur Analyse auf.

Aktiva	Strukturbilanz (Muster)	Passiva
A. Anlagevermögen		A. Eigenkapital
B. Umlaufvermögen		B. Fremdkapital
I. Vorräte		I. Langfristiges Fremdkapital
II. Forderungen		II. Kurzfristiges Fremdkapital
III. Flüssige Mittel		

Aktiva **Strukturbilanz der Elektromotoren Jürgen Engel KG** (in EUR) Passiva

8 Unternehmens- und Umweltkennzahlen ermitteln und analysieren

3. Ermitteln Sie die Bilanzkennziffern zur Kapitalausstattung der Elektromotoren Jürgen Engel KG.

   ▶ **Bilanzkennziffern zur Kapitalausstattung**

   Eigenkapitalquote = ──────────────── = ──────

   Fremdkapitalquote = ──────────────── = ──────

   Verschuldungsgrad = ──────────────── = ──────

4. Ermitteln Sie die Bilanzkennziffern zur Finanzstruktur und zur Liquidität der Elektromotoren Jürgen Engel KG.

   ▶ **Bilanzkennziffern zur Finanzstruktur**

   Deckungsgrad I = ──────────────── = ──────

   Deckungsgrad II = ──────────────── = ──────

   ▶ **Bilanzkennziffern zur Liquidität**

   Liquidität 1. Grades = ──────────────── = ──────

   Liquidität 2. Grades = ──────────────── = ──────

Fortsetzung der Situation:

Aus dem vergangenen Geschäftsjahr liegen die folgenden Bilanzkennziffern für die Elektromotoren Jürgen Engel KG vor:

Bilanzkennziffern zur Kapitalausstattung

Eigenkapitalquote: 34,24 %
Fremdkapitalquote: 65,76 %
Verschuldungsgrad: 166,99 %

Bilanzkennziffern zur Finanzstruktur

Deckungsgrad I: 132,88 %
Deckungsgrad II: 246,67 %

Bilanzkennziffern zur Liquidität

Liquidität 1. Grades: 9,30 %
Liquidität 2. Grades: 112,25 %

5. Werten Sie unter Berücksichtigung des vorliegenden Informationsmaterials die Bilanzkennziffern der Elektromotoren Jürgen Engel KG aus und erläutern Sie die „goldene Bilanzregel".

Kompetenzbereich 2: Besondere Geschäftsvorgänge und Jahresabschluss

Auswertung der Bilanzkennziffern und die Erläuterung der „goldenen Bilanzregel"	
Zur Kapitalausstattung	
Zur Finanzstruktur	Die **goldene Bilanzregel,** nach der _____ Vermögen (_____ -vermögen) in jedem Fall durch _____ Kapital finanziert werden muss, ist bei der Elektromotoren Jürgen Engel KG _____ erfüllt.
Zur Liquidität	

8 Unternehmens- und Umweltkennzahlen ermitteln und analysieren

6. Ermitteln Sie den Cashflow der Jürgen Engel KG und erläutern Sie das Ergebnis.

Erläuterung:

_____

_____

7. Ermitteln Sie unter Zuhilfenahme von Bilanz und Gewinn- und Verlustrechnung die Eigenkapitalrentabilität, Gesamtkapitalrentabilität sowie Umsatzrentabilität.

	Berechnung
Eigenkapital-rentabilität	
Gesamtkapital-rentabilität	
Umsatz-rentabilität	

8. Interpretieren Sie die Ergebnisse aus Arbeitsauftrag 7.

	Interpretation der Ergebnisse
Eigenkapital-rentabilität	
Gesamtkapital-rentabilität	
Umsatz-rentabilität	

9. Zusätzlich zu den ökonomischen Zielen hat sich die Ulmer Büromöbel AG vorgenommen, folgende Ziele im ökologischen Bereich zu verwirklichen:

- Die benötigte Energie für Strom und Wärme soll um 5 % gesenkt werden.
- Der Wasserverbrauch soll bei maximal 0,50 l/kg liegen.
- Die Abfallquote soll von 6 % auf höchstens 4 % gesenkt werden.

9.1 Prüfen Sie anhand der aufgeführten Kennzahlen, ob die Ulmer Büromöbel AG die gesetzten Ziele erreicht hat. Runden Sie auf zwei Stellen nach dem Komma.

Kennzahlenermittlung und Analyse (interner Vergleich)			
Kennzahlen	**Jahr 01**	**Jahr 02**	**Ziel erreicht?**
Energiekennzahl = $\frac{\text{eingesetzte Energiemenge}}{\text{Materialeinsatz}}$	0,72 kWh/kg		
Wasserkennzahl = $\frac{\text{Brauchwassermenge}}{\text{Materialeinsatz}}$	0,50 l/kg		
Abfallquote = $\frac{\text{Abfallmenge}}{\text{Materialeinsatz}} \cdot 100$	6,00 %		

Daten Jahr 02:
- Stromverbrauch   1 525 150 kWh
- Verbrauch von Wärme   3 220 200 kWh
- Brauchwasser   3 522 175 l
- Abfallmenge   250 000 kg
- Materialeinsatz   6 800 000 kg

9.2 Zusätzlich zu den oben genannten Zielen möchte die Ulmer Büromöbel AG ihre Produktion in den nächsten 10 Jahren CO_2-frei gestalten.

Unterbreiten Sie dem Vorstand der Ulmer Büromöbel AG drei konkrete Maßnahmen, damit dieses Ziel erreicht werden kann.

- _____
- _____
- _____

9 Zusammenfassende Übungsaufgaben I

StuK-Buch
KB 2

Situation: Sachanlagevermögen bewerten

Im Ulmer Gewerbepark hat sich vor einigen Jahren direkt gegenüber der Ulmer Büromöbel AG die Anlagen- und Maschinenbau AG angesiedelt. Das Unternehmen ist u.a. auf Stapelrollenbahnen und auf Bandbeförderungssysteme spezialisiert.

In einer Aufsichtsratssitzung erläutert der Finanzvorstand der Anlage- und Maschinenbau AG den Jahresabschluss des vergangenen Jahres (Berichtsjahr) und weist darauf hin, dass ein möglichst hoher Jahresüberschuss ausgewiesen werden sollte. Dazu stellt er zwei Bewertungsfälle vor.

Arbeitsaufträge:

1. **Fall 1:** Für die Produktion der Bandbeförderungssysteme wurde im vergangen Jahr eine Spezialmaschine angeschafft, die schlussendlich am 15.05. betriebsbereit war.

   Folgende Daten sind bekannt:

Listenpreis	287 500,00 EUR zzgl. 19 % USt
Rabatt auf den Listenpreis	20 %
Montagekosten	15 000,00 EUR zzgl. 19 % USt
Transportkosten durch den Spediteur	3 400,00 EUR zzgl. 19 % USt
Nutzungsdauer laut AfA-Tabelle	8 Jahre
Abschreibungsmethode	linear

   1.1 Berechnen Sie zunächst die Anschaffungskosten der Spezialmaschine und den jährlichen Abschreibungsbetrag.

	Betrag in EUR

Jährlicher Abschreibungsbetrag	

   1.2 Ermitteln Sie den Bilanzansatz der Spezialmaschine zum 31.12. des Berichtsjahres.

Bilanzansatz zum 31.12.	

2. **Fall 2:** Vor zwei Jahren im Herbst hatte sich die Anlagen- und Maschinenbau AG im Gewerbegebiet im nahegelegenen Erbach vorsorglich ein 5 000 m² großes Grundstück gekauft. Im Zusammenhang mit dem Kauf waren folgende Zahlungen geleistet worden:

Kaufpreis	900 000,00 EUR
Grunderwerbsteuer	5 %
Maklergebühren	3 % zzgl. 19 % USt
Notarkosten netto	12 000,00 EUR
Grundbucheintragung	3 500,00 EUR
Erschließungskosten	27 370,00 EUR inkl. 19 % USt

Im Frühjahr des Vorjahres erweiterte die Stadt Erbach das Gewerbegebiet. Durch das erhöhte Angebot sank der Preis für Gewerbegrundstücke voraussichtlich langfristig auf 150,00 EUR pro m². Bis zum 31.12. des Berichtsjahres ist wider Erwarten ein Großteil der neuen Grundstücke bereits veräußert worden, was eine Steigerung des Quadratmeterpreises bis zum Jahresende auf 175,00 EUR zur Folge hat.

2.1 Ermitteln Sie die Anschaffungskosten des Grundstücks.

	Betrag in EUR

2.2 Weisen Sie rechnerisch nach und begründen Sie unter Einbezug des Gesetzes, welchen Einfluss die Bewertung des Grundstücks auf den Jahresüberschuss des Berichtsjahres hat.

Nebenrechnungen:

Der Jahresüberschuss im Berichtsjahr _____ um _____ .

Begründung:

_____

_____

_____

_____

10 Zusammenfassende Übungsaufgaben II

Situation: Feststellung und Adressaten des Jahresabschlusses

Die Ulmer Büromöbel AG erstellt zum 31.12.20.. ihren Jahresabschluss. Die Vorstände sind in engem Austausch mit Frau Vollmar, Abteilungsleiterin der Buchhaltung. Sie haben noch diverse Fragen an Frau Vollmar, die nachfolgend geklärt werden sollen. Die Vorstandschaft gibt einen möglichst geringen Jahresüberschuss als Zielsetzung vor.

Als Diskussionsgrundlage legt Frau Vollmar heute folgende Daten vor:

	Vorjahr	Berichtsjahr
Bilanzsumme (in Mio. EUR)	28,5	29,1
Jahresumsatz (in Mio. EUR)	78,2	81,9
Durchschnittliche Anzahl der Arbeitnehmer	410	420

Arbeitsaufträge:

1. Prüfen Sie mithilfe des Gesetzes die Größenklasse der Ulmer Büromöbel AG.

2. Erläutern Sie, wer grundsätzlich den Jahresabschluss der Ulmer Büromöbel AG feststellt und welche Bedeutung diese Feststellung hat.

   ➤

   ➤ **Bedeutung der Feststellung des Jahresabschlusses:**

Kompetenzbereich 2: Besondere Geschäftsvorgänge und Jahresabschluss

3. Beschreiben Sie die wesentlichen Unterschiede im Informationsgehalt von Anhang und Lagebericht.

Anhang	Lagebericht

4. Nennen Sie zwei Adressaten, an die sich der handelsrechtliche Jahresabschluss richtet, sowie die damit verbundenen Absichten.

➤ _____

_____

➤ _____

_____

 **Fortsetzung der Situation: Bewertung von bebauten Grundstücken**

Am 01.10. des Geschäftsjahres erwarb die Ulmer Büromöbel AG mit notariellem Vertrag ein Grundstück, welches mit einer Lagerhalle bebaut ist. Nutzen und Lasten gingen noch am gleichen Tag über.

Folgende Daten liegen vor:

➤ Am 01.10.20.. erfolgte eine Zahlung per Banküberweisung über 774 000,00 EUR.

➤ Es wurde ein Fälligkeitsdarlehens in Höhe von 500 000,00 EUR samt Grundschuld übernommen, die auf dem Grundstück lastet. Die Zinszahlung fällt jährlich zum 31.12. (nachschüssig) an.

➤ Die Zinsen vom 01.01. bis 30.09.20.. in Höhe von insgesamt 24 000,00 EUR wurden komplett vom Verkäufer übernommen.

➤ Die Grunderwerbsteuer beträgt in Baden-Württemberg 5 %.

➤ Notariatsgebühren für die Beurkundung des Kaufvertrages betragen netto 5 000,00 EUR zuzüglich 19 % USt.

➤ Es liegt ein Wertgutachten eines Bausachverständigen im Vorfeld der Kaufentscheidung für das bebaute Grundstück vor. Kostenpunkt: 2 380,00 EUR inklusive 19 % USt.

➤ Für die anteilige Grundsteuer (01.10.–31.12.20..) erhebt die Stadt Ulm einen Gebührenbescheid für den Zeitraum in Höhe von 800,00 EUR.

➤ Die Eigentumsübertragung im Grundbuch schlägt mit 4 410,00 EUR zu Buche.

➤ Für die Übertragung der übernommenen Grundschuld fallen 1 000,00 EUR zuzüglich 19 % USt Notariatsgebühren an.

Der anteilige Wert des Grund und Bodens beträgt 20 % der Anschaffungskosten.

Die Abschreibung erfolgt linear bei einem Abschreibungssatz von 3 %.

10 Zusammenfassende Übungsaufgaben II

5. Ermitteln Sie den Wertansatz des bebauten Grundstücks in der Bilanz der Ulmer Büromöbel AG zum 31.12.20..

   Hinweis: Berechnen Sie zunächst die Anschaffungskosten des bebauten Grundstücks sowie der Lagerhalle. Ermitteln Sie dann den Restbuchwert der Lagerhalle, um schließlich den Bilanzansatz zum 31.12.20.. zu bestimmen.

Bilanzansatz zum 31.12.20..	

6. Berechnen Sie, wie viel gewinnmindernde Aufwendungen Finanzierung und Grundstückserwerb im Geschäftsjahr 20.. insgesamt verursachen.

Aufwand im Geschäftsjahr 20..	Betrag in EUR

Kompetenzbereich 2: Besondere Geschäftsvorgänge und Jahresabschluss

Fortsetzung der Situation: Bewertung des abnutzbaren Anlagevermögens

Am 02.10.20.. hat die Ulmer Büromöbel AG einen Kleintransporter zum Listenpreis von 50 000,00 EUR zuzüglich 8 000,00 EUR USt unter Abzug von 3 % Skonto angeschafft. Die betriebsgewöhnliche Nutzungsdauer beträgt 6 Jahre.

Weitere Angaben:

▶ Überführungskosten zzgl. 19 % USt	300,00 EUR
▶ Diverses Zubehör zzgl. 19 % USt	400,00 EUR
▶ Kfz-Steuer	620,50 EUR
▶ Zulassungskosten	40,00 EUR
▶ Nummernschilder einschließlich 19 % USt	35,70 EUR

Am 20.10.20.. ließ die Ulmer Büromöbel AG den Kleintransporter mit einem werbewirksamen Firmenschriftzug für 1 730,00 EUR zuzüglich USt versehen.

7. Ermitteln Sie den Bareinkaufspreis des Kleintransporters.

8. Berechnen Sie die Anschaffungsnebenkosten.

9. Ermitteln Sie den Bilanzansatz des Kleintransporters zum 31.12.20..

Bilanzansatz zum 31.12.	

11 Zusammenfassende Übungsaufgaben III

Situation: Bewertungsfälle (abnutzbares Anlagevermögen, Herstellungskosten, Rückstellungen)

Die Badische Möbelmanufaktur AG aus Freiburg ist der größte Konkurrent der Ulmer Büromöbel AG im süddeutschen Raum. Allerdings hatte das Unternehmen in den vergangenen Jahren mit strukturellen Problemen zu kämpfen und musste die letzten beiden Geschäftsjahre mit Verlust abschließen. Die vorläufigen Zahlen für das aktuelle Geschäftsjahr weisen erstmalig wieder einen Gewinn aus.

Für Rechnungslegung und Jahresabschluss der AG gelten die gesetzlichen Vorschriften für große Kapitalgesellschaften. Das Geschäftsjahr ist identisch mit dem Kalenderjahr.

Bei der Erstellung des Jahresabschlusses für das aktuelle Geschäftsjahr sind noch einige Bewertungsfragen zu klären. ...

Arbeitsaufträge:

1. Im September d. J. hat die Badische Möbelmanufaktur AG eine neue Fertigungsmaschine in Betrieb genommen. Der Kaufpreis betrug 1 740 000,00 EUR netto zuzüglich 19 % USt. Zusätzlich fielen für den Transport der Anlage 20 000,00 EUR sowie für die Montage 40 000,00 EUR jeweils zuzüglich 19 % USt an.

    Für die Finanzierung einer Anzahlung sind Fremdkapitalzinsen in Höhe von 5 000,00 EUR entstanden.

    1.1 Berechnen Sie die Anschaffungskosten für die Fertigungsanlage.

    1.2 Die Fertigungsanlage wird linear abgeschrieben und hat eine voraussichtliche Nutzungsdauer von 12 Jahren.

    Ermitteln Sie den Bilanzansatz der Fertigungsanlage zum 31. 12. d. J.

Bilanzansatz zum 31. 12. d. J.	

Kompetenzbereich 2: Besondere Geschäftsvorgänge und Jahresabschluss

1.3 Begründen Sie, weshalb die lineare Abschreibungsmethode für die Badische Möbelmanufaktur AG unter Berücksichtigung der aktuellen Unternehmenssituation ideal ist.

_____
_____
_____
_____
_____
_____
_____
_____

2. Die Ingenieure der Badischen Möbelmanufaktur AG haben selbst eine spezielle Holzschneidemaschine für die eigene Fertigung entwickelt. Hierzu liegen folgende Daten aus der Kostenrechnung vor:

Fertigungsmaterial	24 000,00 EUR
Fertigungslöhne	63 000,00 EUR
Sondereinzelkosten der Fertigung	7 800,00 EUR
Materialgemeinkostenzuschlagsatz	15 %
Fertigungsgemeinkostenzuschlagsatz	120 %
Allgemeiner Verwaltungsgemeinkostenzuschlagsatz	10 %
Vertriebsgemeinkostenzuschlagsatz	7 %
Fremdkapitalzinsen nach § 255 III, S. 2 HGB	850,00 EUR

Zeigen Sie rechnerisch auf, wie durch Ausnutzung des handelsrechtlichen Bewertungsspielraumes beim Bilanzansatz der Holzschneidemaschine der Jahresüberschuss des Unternehmens beeinflusst werden kann.

Nach § 255 II HGB sind die _____ bei _____ Vermögensgegenständen anzusetzen. Des Weiteren unterscheidet der Gesetzgeber zwischen einer _____ und einer _____ :

	Wertuntergrenze	Wertobergrenze
Fertigungsmaterial	24 000,00	24 000,00
+ 15 % MGK	3 600,00	3 600,00
+ Fertigungslöhne	63 000,00	63 000,00
+ 120 % FGK	75 600,00	75 600,00
+ Sondereinzelkosten der Fertigung	7 800,00	7 800,00
= Zwischensumme	174 000,00	174 000,00
+ 10 % VwGK	—	17 400,00
+ FK-Zinsen (Herstellungsfinanzierung)	—	850,00
= Herstellungskosten insgesamt	**174 000,00**	**192 250,00**

11 Zusammenfassende Übungsaufgaben III

Ergebnis:

Die Badische Möbelmanufaktur AG hat also einen _____ in der Handelsbilanz und kann zwischen der _____ und der _____ wählen.

Da das Unternehmen einen möglichst hohen Jahresüberschuss anstrebt, sollte der _____ gewählt werden. Dadurch wird in der Bilanz ein höheres _____ ausgewiesen.

3. Im aktuellen Geschäftsjahr konnte mit dem Premiumschreibtisch der Badischen Möbelmanufaktur AG ein Umsatz von 2 500 000,00 EUR erzielt werden. Auf den Schreibtisch gewährt das Unternehmen eine Garantie von drei Jahren. Die Erfahrungen der letzten Jahre haben gezeigt, dass die zu erbringenden Garantieleistungen durchschnittlich 1,5 % des Umsatzes ausmachen. Aufgrund der starken Konkurrenzsituation muss das Unternehmen außerdem noch Kulanzleistungen erbringen, die auf 1 % des Umsatzes geschätzt werden.

   Erläutern Sie – rechnerischer Nachweis erforderlich – wie diese Informationen in der Handelsbilanz zu berücksichtigen sind.

   Ergebnis: Im aktuellen Geschäftsjahr sind Rückstellungen von _____ in der Handelsbilanz zu bilden!

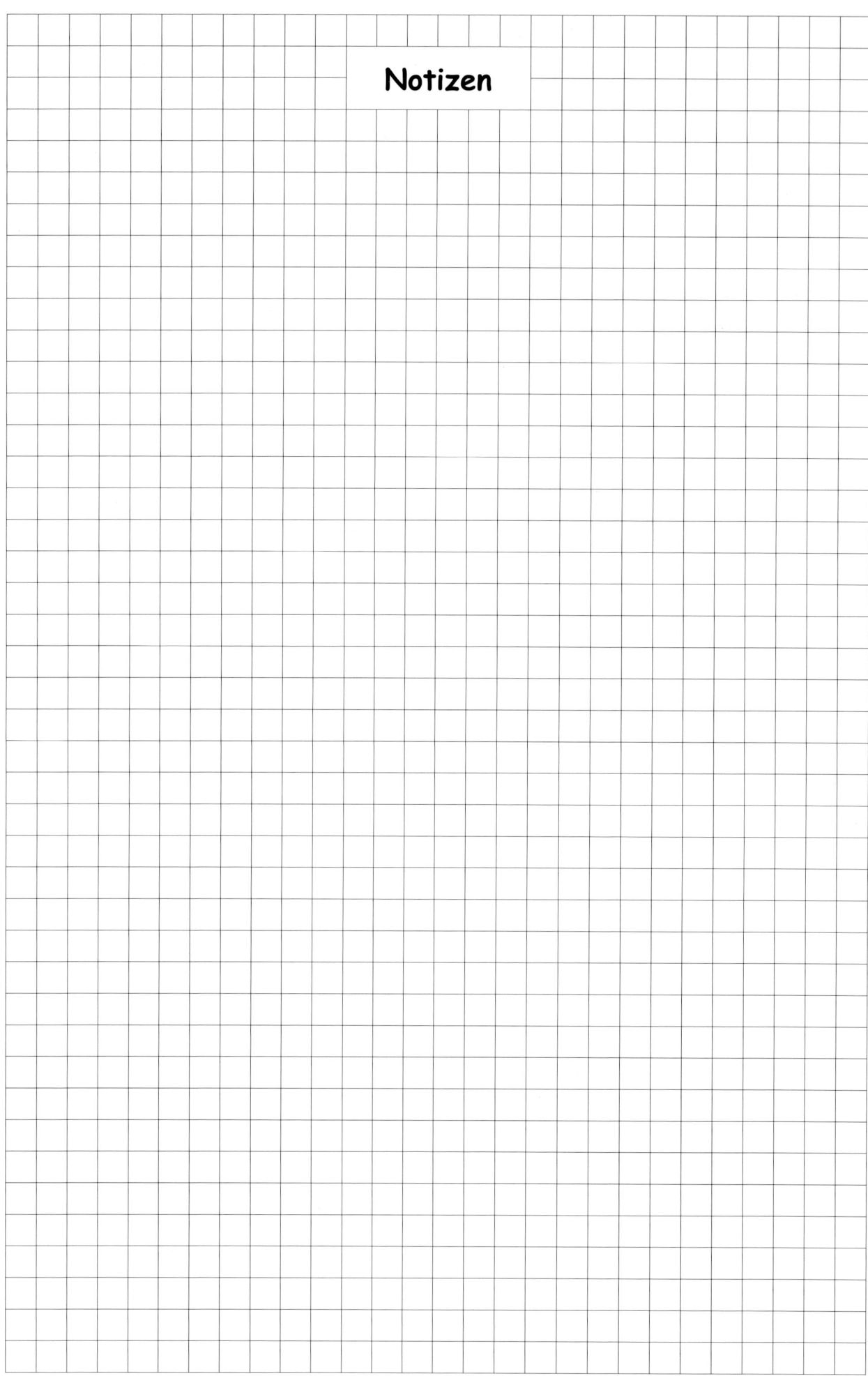

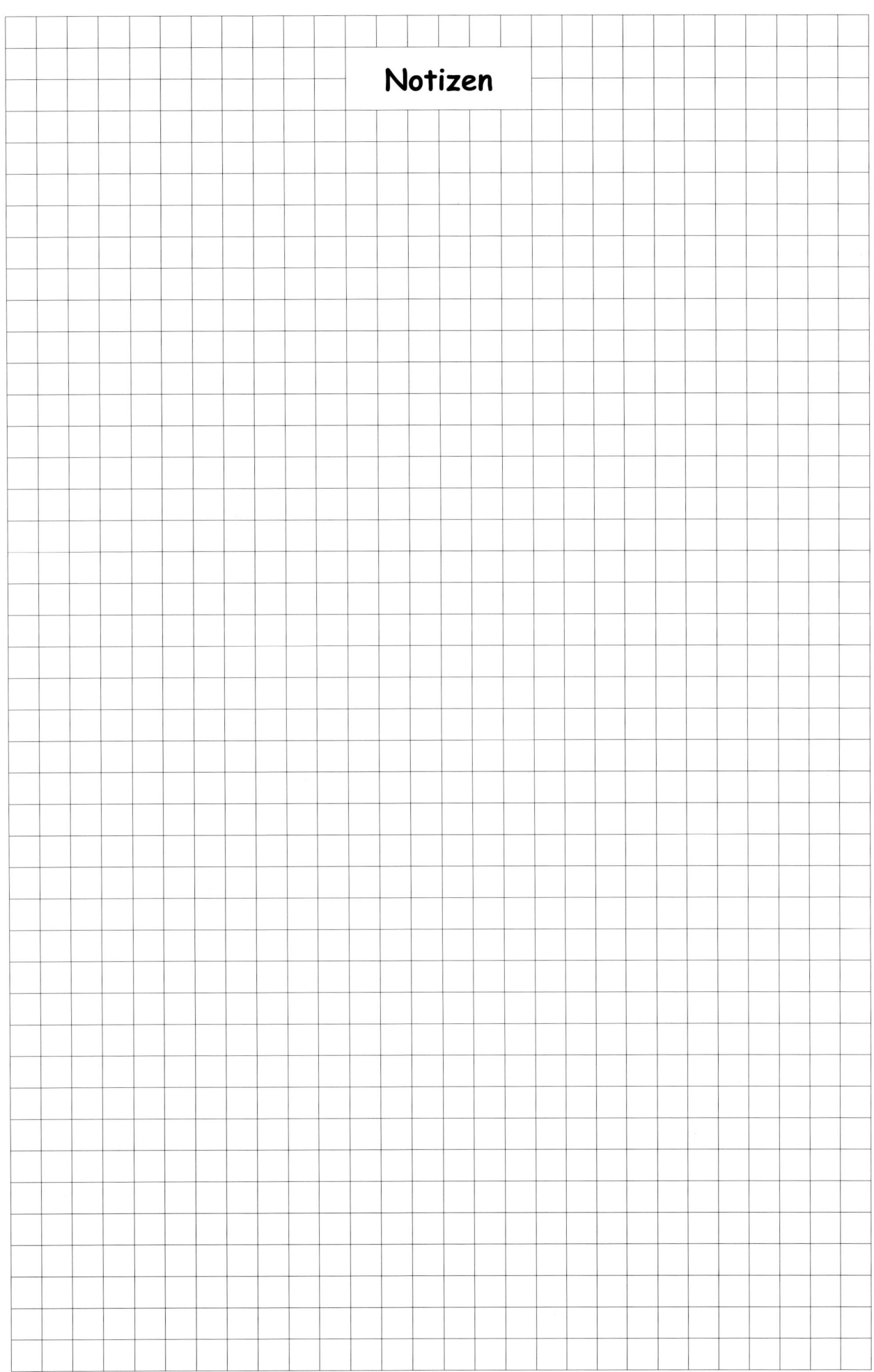

Notizen

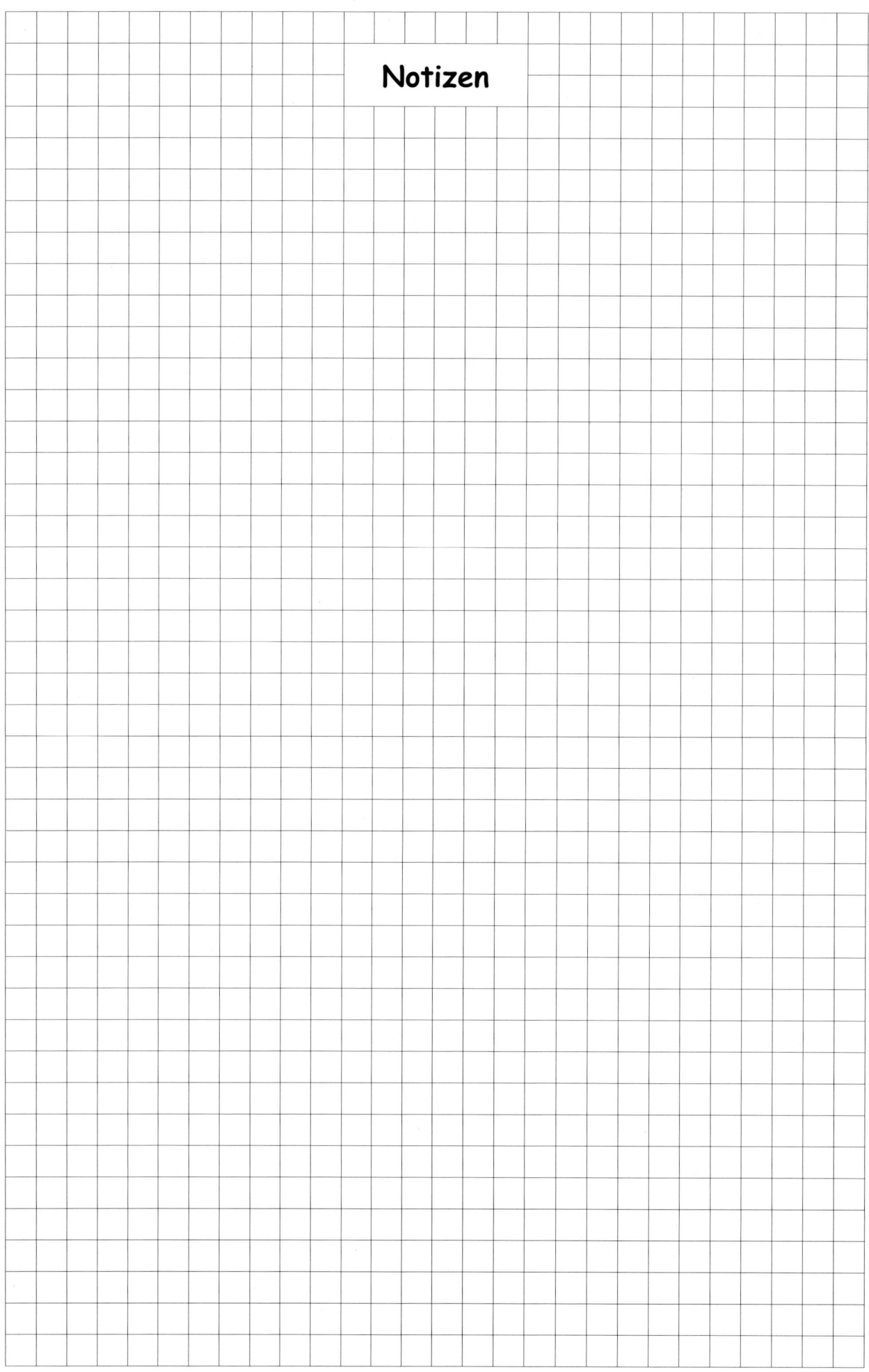